Selbstfürsorge für introvertierte Menschen in lauten Berufen

Strategien, um trotz eines extrovertierten Arbeitsumfeldes als Introvertierte*r Kraft zu schöpfen.

Alma Arnold

Haftungsausschluss:
Die Inhalte dieses Buches wurden mit größter Sorgfalt erstellt. Dennoch kann der Autor keine Gewähr für die Richtigkeit, Vollständigkeit und Aktualität der bereitgestellten Informationen übernehmen. Jegliche Haftung für Schäden, die direkt oder indirekt aus der Nutzung der Informationen in diesem Buch entstehen, wird ausgeschlossen. Die Nutzung der Informationen erfolgt auf eigene Gefahr.

Garantieausschluss:
Der Autor garantiert nicht für die Ergebnisse, die durch die Anwendung der in diesem Buch enthaltenen Informationen erzielt werden. Der Leser wird ermutigt, sich bei spezifischen Fragen oder Anliegen an einen Fachmann zu wenden.

Im folgenden Buch wirst du häufiger auf Wiederholungen stoßen. Diese Wiederholungen sind absichtlich gewählt und dienen mehreren wichtigen Zwecken. Erstens unterstützen sie das Verständnis, indem sie die engen Zusammenhänge zwischen den Themen verdeutlichen. Oftmals ist es hilfreich, bestimmte Konzepte oder Ideen mehrmals zu betrachten, um ihre Bedeutung und Relevanz besser zu erfassen.

Zweitens helfen die Wiederholungen, die Informationen zu festigen. Indem wir die zentralen Punkte immer wieder aufgreifen, wird das Wissen gefestigt und du kannst die Inhalte leichter im Gedächtnis behalten. Schließlich fördern die Wiederholungen ein vertieftes Lernen und Ermöglichen es dir, die Erklärungen aus unterschiedlichen Perspektiven zu betrachten.

Ein weiterer Punkt betrifft die Art und Weise, wie ich im Text die Geschlechter anspreche. An manchen Stellen wird gegendert, an anderen bewusst nicht. Diese flexible Handhabung hat zwei Gründe: Zum einen sollen Texte verständlich und leserfreundlich bleiben. Manche Formulierungen wirken ohne geschlechtsspezifische Anpassungen flüssiger, während in anderen Passagen die geschlechtergerechte Sprache ein Zeichen von Inklusivität ist und das Spektrum der Leser:innen berücksichtigt. Dadurch möchten ich sowohl Klarheit und Lesefluss als auch die Vielfalt unserer Leser:innen berücksichtigen.

Ich hoffe, dass du von dieser Struktur profitierst und die Themen dadurch klarer und nachvollziehbarer werden.

Inhalt

Vorwort 10

Einleitung 11

Überblick über Introversion und extrovertierte Arbeitsumfelder 13

Warum Selbstfürsorge für Introvertierte wichtig ist 22

Kapitel 1: Was bedeutet es, introvertiert zu sein? 28

    Definition von Introversion und die Vielfalt introvertierter Persönlichkeiten 34

    Biologische und psychologische Grundlagen von Introversion 38

    Die Rolle des Nervensystems und warum Introvertierte anders auf Stimuli reagieren 44

    Introvertierte Stärken und die Relevanz für den Beruf 50

Kapitel 2: Herausforderungen extrovertierter Arbeitsumgebungen 57

    Typische Merkmale lauter Berufe und extrovertierter Arbeitsstrukturen 57

    Soziale und emotionale Auswirkungen auf Introvertierte in lauten Berufen 64

    Soziale Erschöpfung und Rückzugsbedürfnis 64

    Gefühl der Überforderung durch Reizüberflutung 65

    Angst vor sozialen Erwartungen und dem ständigen Vergleich 66

Innerer Rückzug und emotionale Distanzierung... 67

Negative Auswirkungen auf das Selbstwertgefühl 68

Erhöhtes Risiko für Stress und Burnout 69

Reduzierte Arbeitszufriedenheit und das Bedürfnis nach Veränderung 70

Die reduzierte Arbeitszufriedenheit kann auch dazu führen, dass sich Introvertierte zunehmend von ihrem Beruf distanzieren und weniger Engagement zeigen. Der innere Konflikt zwischen den Anforderungen des Arbeitsumfelds und den eigenen Bedürfnissen wird oft als Belastung empfunden, die langfristig die berufliche Motivation und das Gefühl der Erfüllung im Job mindert. 71

Sensorische Überforderung und deren psychologische Folgen 72

Wie Introvertierte ihre Energie und ihr Wohlbefinden in lauten Arbeitsumfeldern schützen können 80

Kapitel 3: Selbstakzeptanz und innere Stärke entwickeln 88

Den eigenen Wert als Introvertierte*r anerkennen 88

Positive Selbstwahrnehmung und wie sie das Selbstbild stärkt.. 91

Übungen zur Förderung des Selbstwertgefühls und zur Reduzierung negativer Selbstgespräche 92

Selbstakzeptanz und innere Stärke für ein authentisches Leben.. 94

Kapitel 4: Psychologische Strategien zur Stressbewältigung **96**

Grundlegende Konzepte zur Stressbewältigung für Introvertierte 96

Das Erkennen von Stressauslösern im beruflichen Umfeld 98

Anwendung von Achtsamkeit, Meditation und Entspannungsübungen 99

Methoden zur Emotionsregulation und zur Verbesserung der Resilienz 101

Psychologische Strategien zur nachhaltigen Stressbewältigung 103

Kapitel 5: Emotionale Selbstfürsorge im extrovertierten Umfeld **105**

Den Umgang mit Überstimulation und emotionaler Erschöpfung lernen 105

Der Einfluss von sozialen Erwartungen auf das emotionale Wohlbefinden 107

Techniken zur Förderung emotionaler Stabilität und Klarheit 108

Reflexion über emotionale Grenzen und wie man sie wahren kann 109

Kapitel 6: Soziale Beziehungen im Beruf und Grenzen setzen **111**

Die Rolle sozialer Interaktionen für Introvertierte in lauten Berufen 111

Empathische Kommunikation und die Kunst, Grenzen zu setzen 113

Wie man in sozialen Kontexten authentisch bleibt und Konflikte minimiert 114

Tipps, um sich in Gruppen wohlzufühlen und sich Gehör zu verschaffen 116

Kapitel 7: Umgang mit Small Talk und extrovertierten Kommunikationsmustern **118**

Die Rolle von Small Talk und sozialem Austausch im Arbeitsalltag 118

Praktische Tipps für Small Talk, ohne sich ausgelaugt zu fühlen 119

Gesprächstechniken, die Introvertierten helfen, ihre Komfortzone zu erweitern 121

Kommunikationsmethoden, um in Meetings und Gruppen präsent zu sein 122

Kapitel 8: Psychologische Techniken zur Steigerung von Produktivität und Konzentration **124**

Der Einfluss von introvertierten Denkstrukturen auf die Arbeitsweise 125

Strategien für fokussiertes Arbeiten in lauten Büros 126

Zeitmanagement für Introvertierte: Erkennen und Nutzen von Energie-Hochzeiten 127

Umgang mit Ablenkungen und Methoden zur Aufrechterhaltung der Konzentration 128

Kapitel 9: Schaffung von Rückzugsräumen und persönlichen Pausen **131**

Die Bedeutung physischer und mentaler Rückzugsorte am Arbeitsplatz 131

Tipps zur Gestaltung eines beruhigenden und aufladenden Arbeitsbereichs 133

Kurze Pausenrituale für Stressabbau und Energiemanagement 134

Visualisierungstechniken und mentale Räume für Ruhe in hektischen Momenten 135

Kapitel 10: Nach der Arbeit – Erholung und Abschalten im Feierabend **138**

Methoden zur Entspannung und Entkopplung vom Arbeitsalltag 138

Aktivitäten, die Energiereserven auffüllen und soziale Erschöpfung lindern 140

Tipps für ein ausgewogenes Privatleben und das Setzen klarer Feierabend-Grenzen 141

Umgang mit digitalen Medien und sozialem Druck nach der Arbeit 143

Kapitel 11: Langfristige emotionale und psychische Selbstfürsorge **145**

Aufbau von Routinen, die langfristiges Wohlbefinden fördern 145

Wie Introvertierte Burnout vorbeugen und auf ihre Bedürfnisse achten können 146

Die Rolle von Selbstreflexion und persönlichem Wachstum 148

Werkzeuge für eine nachhaltige Selbstfürsorge und den Umgang mit beruflichen Herausforderungen 149

Kapitel 12: Erfolgsstrategien und persönliche Beispiele 151

Inspirierende Geschichten introvertierter Menschen in lauten Berufen 151

Erfolgserlebnisse und bewährte Praktiken aus verschiedenen Branchen 152

Lektionen aus der Praxis und wie man introvertierte Stärken gezielt nutzt 154

Reflexion und Motivation: Für sich selbst einstehen und mutig eigene Wege gehen 156

Kapitel 13: Zusammenfassung und praktische Selbstfürsorge-Checkliste 157

Zusammenfassung der wichtigsten Punkte und Techniken aus jedem Kapitel 157

Eine praktische Checkliste zur Selbstfürsorge im beruflichen Alltag 159

Tägliche Selbstfürsorge-Checkliste 160

Wöchentliche Selbstfürsorge-Checkliste 160

Weiterführende Ressourcen, Literatur und Links zur Vertiefung 161

Bücher 161

Podcast-Empfehlungen 162
Webseiten und Online-Communities 162
Apps und Tools 163
Online-Kurse und Trainings 164
Impressum...165

Vorwort

Willkommen zu Selbstfürsorge für introvertierte Menschen in lauten Berufen. Dieses Buch ist all jenen gewidmet, die in einer extrovertierten Welt mit leisen, aber kraftvollen Stärken ihren beruflichen Weg gestalten. In Arbeitsumfeldern, die oft schnelle Antworten und sichtbare Präsenz schätzen, möchten ich mit diesem Buch zeigen, dass auch leise Stimmen wertvolle Beiträge leisten und dass introvertierte Qualitäten wie tiefes Nachdenken und achtsame Kommunikation von unschätzbarem Wert sind.

In diesem Buch teile ich meine persönlichen Erfahrungen und mein Wissen und die besonderen Herausforderungen, die damit einhergehen. Es ist mir wichtig, darauf hinzuweisen, dass dies keine abschließende Darstellung ist und die Informationen und Einsichten auf meinem eigenen Weg basieren. Jede Geschichte und jeder Umgang ist einzigartig.

Ich möchte alle Menschen aller Geschlechter und Hintergründe – einladen, sich auf diese Reise einzulassen.

Einleitung

In einer Welt, die von extrovertierten Werten wie Lautstärke, Offenheit und Dauerkommunikation geprägt ist, kann es für introvertierte Menschen herausfordernd sein, im Berufsleben die eigenen Bedürfnisse zu wahren. Viele Arbeitsumfelder scheinen so gestaltet zu sein, dass sie Extrovertierten zugutekommen: Großraumbüros, eine Kultur der ständigen Meetings, das permanente Bedürfnis nach Austausch und die Erwartung, jederzeit erreichbar zu sein. Für Introvertierte, die ihre Energie aus Ruhe und Selbstreflexion schöpfen und sich eher im Hintergrund wohlfühlen, kann ein solches Umfeld schnell anstrengend werden.

Dieses Buch richtet sich an all jene introvertierten Menschen, die in diesen lauten und oft überfordernden beruflichen Umfeldern einen Weg finden möchten, sich selbst treu zu bleiben und zugleich ihre beruflichen Verpflichtungen zu erfüllen. Introversion wird oft missverstanden und mit Schüchternheit oder sozialer Zurückgezogenheit gleichgesetzt. Dabei ist Introversion keine Schwäche, sondern eine besondere Art, die Welt zu erleben. Introvertierte sind in der Regel nachdenklich, aufmerksam und empathisch – Qualitäten, die in jedem Team und jeder Arbeitskultur wertvoll sind.

Dennoch sehen sich introvertierte Menschen täglich mit Herausforderungen konfrontiert, die ihre Belastungsgrenzen auf die Probe stellen. Der Mangel an Rückzugsorten, die ständige Interaktion und die Reizüberflutung führen oft zu einer Erschöpfung, die in den Feierabend hineinreicht und die Energiereserven langfristig schwächt. In solchen Situationen ist Selbstfürsorge keine Option, sondern eine Notwendigkeit. Denn nur wer für sich selbst sorgt, kann die eigenen Stärken auf gesunde Weise einsetzen.

In diesem Buch wirst du erlernen, wie du in einem extrovertierten Umfeld achtsam mit dir selbst umgehst. Dabei werden psychologische und praktische Ansätze aufgezeigt, die dir helfen, deine Energie zu schützen und deine Stärken im Arbeitsalltag optimal einzubringen. Wir werden uns mit Techniken zur Stressbewältigung, emotionaler Selbstfürsorge und Abgrenzung beschäftigen und Strategien entwickeln, um im Berufsleben authentisch und resilient zu bleiben.

Dieses Buch soll dir nicht nur Ratschläge geben, sondern dir auch Mut machen. Du wirst entdecken, dass es möglich ist, in einem extrovertierten Umfeld deinen eigenen Weg zu gehen, ohne dich anzupassen oder zu verbiegen. Hier findest du Raum, um deine eigene Definition von Erfolg zu schaffen – eine Definition, die zu dir passt und dir dabei hilft, in einer lauten Welt zu bestehen.

Lass uns gemeinsam den Weg zur Selbstfürsorge für Introvertierte erkunden und Techniken entwickeln, die dir langfristig Kraft und Gelassenheit schenken.

Überblick über Introversion und extrovertierte Arbeitsumfelder

Introversion ist weit mehr als nur ein Charakterzug; sie beschreibt eine Art und Weise, wie Menschen ihre Umwelt wahrnehmen und verarbeiten. Für introvertierte Menschen ist die Außenwelt oft ein intensiver, oft auch überfordernder Ort voller Reize und Erwartungen. Während Extrovertierte in der Gesellschaft und durch soziale Interaktion aufblühen, gewinnen Introvertierte ihre Energie aus ruhigen, allein verbrachten Phasen. Dieser Unterschied beeinflusst nicht nur die Persönlichkeitsstruktur, sondern auch, wie das Gehirn und Nervensystem von introvertierten Menschen auf soziale und sensorische Reize reagieren. Psychologische, persönliche und sogar medizinische Forschung zeigt, dass Introversion ein tief verankerter Bestandteil der Identität ist, der sich in verschiedensten Bereichen des Lebens bemerkbar macht.

Introvertierte neigen zur **Stärke in der Selbstreflexion**. Diese Fähigkeit zur Reflexion, zum Nachdenken und zu tiefgründigen inneren Prozessen ist psychologisch gesehen eine wertvolle Ressource. Sie erlaubt es Introvertierten, Situationen nicht nur oberflächlich, sondern analytisch zu betrachten und daraus strategisch kluge Handlungen abzuleiten. In der Neurowissenschaft ist bekannt, dass das Gehirn introvertierter Menschen in Ruhe aktiv bleibt und vor allem in sozialen Situationen auf hohe Stimulation eher mit erhöhter Aktivität in Hirnarealen reagiert, die für Selbstreflexion und Verarbeitung von Erlebnissen verantwortlich sind. Diese Aktivität kann dazu führen, dass Introvertierte in sozialen Kontexten öfter zurückhaltend agieren, da sie bereits tief im inneren Prozess des Analysierens verankert sind. In der modernen Arbeitswelt, in der oft schnelle Reaktionen und Flexibilität erwartet werden, fällt es Introvertierten daher nicht immer leicht, mit dem Tempo der Kommunikation mitzuhalten. Doch gerade ihre Fähigkeit, in komplexen Situationen tiefer und langfristiger zu denken, ist oft von unschätzbarem Wert.

Ein weiteres, unverkennbares Merkmal introvertierter Menschen ist ihr **ruhiger und bedachter Kommunikationsstil.** Introvertierte bevorzugen es häufig, sich nach reiflicher Überlegung zu äußern, um sicherzustellen, dass ihre Aussagen durchdacht und kohärent sind. Small Talk und oberflächliche Gespräche empfinden sie häufig als anstrengend und wenig bereichernd. Mediziner und Psychologen sehen in dieser Zurückhaltung keine soziale Unsicherheit, sondern eine andere Art der sozialen Interaktion: Introvertierte bevorzugen Gespräche, in denen tiefe Themen, Ideen und Überzeugungen ausgetauscht werden. Diese Präferenz für gehaltvollen Austausch ermöglicht es ihnen, Verbindungen auf einer intimeren Ebene zu knüpfen. Im beruflichen Umfeld jedoch kann dies manchmal als Zurückhaltung oder gar Desinteresse missverstanden werden, was zu Missverständnissen und Konflikten führen kann.

Das **Bedürfnis nach Ruhe und Rückzug** ist für Introvertierte nicht einfach ein Wunsch, sondern eine biologische Notwendigkeit. Medizinisch betrachtet, ist das Nervensystem introvertierter Menschen empfindlicher gegenüber Reizen und benötigt regelmäßige Pausen, um Überstimulation abzubauen. Diese Ruhephasen fördern die Regeneration und das allgemeine Wohlbefinden, was es ihnen erlaubt, in konzentrierten Phasen mit hoher Effizienz zu arbeiten. Eine Auszeit in ruhigen Umgebungen wirkt wie eine Art „Rekalibrierung" des Nervensystems und fördert die geistige Klarheit, die für ihre Arbeit essenziell ist. Doch in vielen Berufen gibt es wenig Rückzugsmöglichkeiten, was dazu führt, dass Introvertierte sich schnell überlastet fühlen und ihre kognitiven Ressourcen schneller aufgebraucht sind.

Die moderne Arbeitswelt stellt introvertierte Menschen vor besondere Herausforderungen, da sie in extrovertierten Umgebungen oft ihre natürlichen Verhaltensweisen zurückstellen müssen. Das typische **Großraumbüro und offene Arbeitskonzepte** fördern eine Arbeitskultur der permanenten Erreichbarkeit und des kontinuierlichen Austauschs. Dies führt zu einer Reizüberflutung durch ständige Geräusche, Bewegungen und Gespräche. Psychologisch gesehen, stellt dies eine erhebliche Belastung für Introvertierte dar, die sich für tiefe Konzentration und produktives Arbeiten eine ruhige

Umgebung wünschen. Medizinische Studien zeigen, dass Menschen, die kontinuierlich in lauten oder visuellen Reizumgebungen arbeiten, erhöhten Stresshormonen ausgesetzt sind, was langfristig zu erhöhter Erschöpfung und geringerer Arbeitsleistung führen kann.

Ein weiterer Aspekt extrovertierter Arbeitsumfelder ist die **Kultur der ständigen Meetings und Brainstorming-Sitzungen**. Diese kollaborativen Formate sind für viele Unternehmen ein fester Bestandteil, um Ideen und Lösungen gemeinschaftlich zu erarbeiten. Während Extrovertierte in solchen dynamischen, spontan ablaufenden Meetings aufblühen, empfinden Introvertierte die ständige Erwartung, sich sofort einzubringen und flexibel zu reagieren, als überfordernd. Sie fühlen sich oft unwohl, wenn sie unter Druck stehen, spontan zu sprechen, da dies nicht ihrem natürlichen Kommunikationsstil entspricht. In solchen Momenten können introvertierte Menschen schnell das Gefühl entwickeln, ihre Gedanken nicht ausreichend äußern zu können, was zu Frustration und Unsicherheit führt.

Die **sozialen Erwartungen und ständige Erreichbarkeit** setzen viele Introvertierte zusätzlich unter Druck. In extrovertierten Umfeldern wird häufig davon ausgegangen, dass Mitarbeitende jederzeit ansprechbar und interaktionsbereit sind. Introvertierte empfinden diesen Druck oft als belastend, da sie Phasen der Ruhe und Zeit für sich selbst brauchen, um ihre Energie wieder aufzufüllen. Die fehlende Zeit für Rückzug und Nachdenken kann langfristig zu Überlastung führen und das Wohlbefinden beeinträchtigen. Dieses soziale Klima der ständigen Verfügbarkeit und des aktiven Austauschs erhöht die Stressbelastung und kann zu Burnout-Symptomen führen, wenn keine bewussten Pausen eingeplant sind.

Ein extrovertiertes Arbeitsumfeld bedeutet für introvertierte Menschen oft auch **eine ständige Reizüberflutung durch sozialen und sensorischen Druck**. Es gibt häufig keine klaren Rückzugsräume, was die Reizdichte und damit das Risiko für eine Überstimulation erhöht. Ständige Gespräche, Anrufe, Geräusche und visuelle Ablenkungen beeinträchtigen ihre Konzentration und ihr Wohlbefinden. Die neurologischen Grundlagen der Introversion legen nahe, dass das Gehirn introvertierter Menschen empfindlicher auf Reize reagiert und sich langsamer von Überstimulation erholt. Diese anhaltende Überlastung führt zu einem erhöhten Stresspegel und beeinträchtigt langfristig die geistige und körperliche Gesundheit.

Diese Herausforderungen verdeutlichen, dass Introvertierte in extrovertierten Umfeldern ihre Stärken häufig nur dann effektiv nutzen können, wenn sie gezielt für ihre Bedürfnisse eintreten und Methoden der Selbstfürsorge anwenden.

Introversion wird besonders in Arbeitsfeldern herausgefordert, die eine extrovertierte Ausrichtung aufweisen, also ständigen Kontakt mit anderen Menschen, schnelle Reaktionen und hohe Flexibilität erfordern. Diese Umfelder sind oft so gestaltet, dass sie die Bedürfnisse und Stärken extrovertierter Menschen ansprechen, während introvertierte Menschen ständig gegen die natürlichen Anforderungen ihrer eigenen Persönlichkeit arbeiten müssen. So sind beispielsweise **Verkauf und Vertrieb** klassische Bereiche, die sozialen Austausch und ständige Anpassung erfordern. Verkäufer müssen sich schnell auf neue Gesprächspartner einstellen, oft mehrere Kund hintereinander bedienen und spontan reagieren. Für introvertierte Menschen kann das ständige Wechseln zwischen Gesprächen und das Fehlen von Pausen eine erhebliche Belastung sein, da ihre Energie schneller aufgebraucht wird und sie wenig Gelegenheit zur Regeneration haben.

Ähnlich herausfordernd ist der **Kundendienst und das Call-Center**, wo Mitarbeitende kontinuierlich in Kontakt mit Kund stehen und auf jede Anfrage lösungsorientiert reagieren müssen. Die ständige Erreichbarkeit und das schnelle Eingehen auf die verschiedensten Anliegen erzeugen sozialen und emotionalen Druck, der schnell zu einer mentalen Überforderung führen kann, besonders wenn zwischen den Interaktionen kaum Ruhephasen möglich sind. Auch hier erleben introvertierte Menschen oft eine Erschöpfung durch den

Dauerzustand sozialer Kommunikation, der kaum Raum für Reflexion oder Stille bietet.

Ein weiteres herausforderndes Feld für Introvertierte ist das **Marketing und die Öffentlichkeitsarbeit (PR)**. Diese Berufe erfordern häufig Networking und eine Präsenz bei Veranstaltungen, wo schnelles Reagieren und effektive Kommunikation gefragt sind. Die permanente Zusammenarbeit mit externen Partnern und das hohe Maß an Interaktion mit Kollegen und Medien können introvertierte Menschen unter Druck setzen, ständig sozial präsent zu sein. Das schnelle Tempo und die ständige Interaktion führen zudem oft zu einer Reizüberflutung, die die Energiereserven introvertierter Menschen rasch erschöpfen kann.

In der **Bildung und im Unterricht** stehen Lehrer und Pädagogen in ständiger Interaktion mit Schülern, Eltern und Kollegen und müssen häufig schnell auf verschiedene Anforderungen reagieren. Die soziale Präsenz, die in diesem Berufsfeld erforderlich ist, fordert nicht nur viel Energie, sondern auch kontinuierliche mentale Wachsamkeit. Für introvertierte Lehrkräfte, die Ruhephasen zur Vorbereitung und Erholung benötigen, können die oft wenigen Rückzugsräume und Pausen im Schultag zu einer erheblichen Herausforderung werden und das Risiko für emotionale Erschöpfung erhöhen.

Auch in den **Gesundheits- und Pflegeberufen** gibt es eine hohe soziale und emotionale Anforderung. Fachkräfte in diesen Bereichen tragen nicht nur eine große Verantwortung gegenüber ihren Patienten, sondern müssen auch regelmäßig mit Kollegen und Familienangehörigen kommunizieren. Das hohe Maß an sozialer Interaktion und die hohe Arbeitsbelastung führen dazu, dass introvertierte Menschen schnell das Gefühl haben können, überlastet zu sein, besonders wenn sie keine Zeit für Pausen finden. Die emotionale Belastung durch den engen Kontakt mit Patienten und das Arbeiten in Schichtsystemen machen diesen Beruf für Introvertierte oft sehr anspruchsvoll.

Im **Eventmanagement und der Veranstaltungsorganisation** geht es darum, flexibel zu bleiben, ständig mit verschiedenen Menschen zu interagieren und auf unvorhergesehene Situationen zu reagieren. Eventmanager sind oft während der gesamten Veranstaltungsdauer im Einsatz und müssen stets bereit sein, auf neue Anforderungen zu reagieren. Die hohe Anzahl an Menschen, das Tempo und die mangelnden Rückzugsmöglichkeiten erschweren es introvertierten Menschen, sich zu regenerieren, was diese Berufsfelder anstrengend machen kann.

Auch im **Hotel- und Gastgewerbe** wird die ständige Interaktion mit Gästen als Grundvoraussetzung betrachtet. Mitarbeitende in diesem Bereich müssen freundlich und professionell auf Gäste reagieren, was eine hohe soziale Anpassungsfähigkeit verlangt. Die Bereitschaft, sich immer wieder auf neue Gäste einzulassen und dabei jederzeit geduldig zu bleiben, erfordert eine konstante soziale Energie. Für introvertierte Menschen bedeutet dies oft eine hohe Belastung, da Rückzugsmöglichkeiten und Pausen für Erholung selten gegeben sind.

Journalismus und Nachrichtenredaktionen sind ebenso dynamische und soziale Umfelder. Journalisten müssen spontan auf Ereignisse reagieren, Interviews führen und sich immer wieder an neue Gesprächspartner anpassen. Der häufige Wechsel zwischen verschiedenen Aufgaben und der ständige Kontakt mit neuen Menschen kann für introvertierte Menschen mental sehr fordern sein, da es wenig Gelegenheit für stille Konzentration und Selbstreflexion gibt.

Auch in der **Forschung und in Labortätigkeiten**, besonders bei Teamprojekten, gibt es Herausforderungen für introvertierte Wissenschaftler. Teamprojekte erfordern oft eine intensive und kontinuierliche Zusammenarbeit, die regelmäßige Abstimmungen und Gruppendiskussionen beinhaltet. Für introvertierte Menschen bedeutet dies eine Balance zwischen tiefem, konzentriertem Arbeiten und der Notwendigkeit, regelmäßig soziale Interaktionen zu führen, was langfristig sehr fordern sein kann.

Zuletzt zeigt die **Sozialarbeit und Beratung** ein weiteres Umfeld mit hohen sozialen Anforderungen. Sozialarbeiter und Berater stehen in direktem Kontakt mit Menschen, die Unterstützung benötigen, und führen meist emotionale und intensive Gespräche. Die Fähigkeit, empathisch zuzuhören und die Probleme anderer zu verarbeiten, stellt eine enorme Herausforderung dar, da für introvertierte Menschen die emotionale Präsenz und Belastbarkeit in diesen intensiven Kontakten erforderlich ist. Häufig fehlen jedoch ruhige Rückzugsorte, die für eine notwendige Erholung nach diesen intensiven Gesprächen sorgen könnten.

Warum Selbstfürsorge für Introvertierte wichtig ist

Selbstfürsorge ist für jeden Menschen von Bedeutung, doch für introvertierte Menschen ist sie besonders wichtig. Introvertierte Personen schöpfen ihre Kraft aus ruhigen Momenten und Zeit allein. In einer Gesellschaft und Arbeitswelt, die oft auf extrovertierte Bedürfnisse ausgerichtet ist, kann es jedoch schwierig sein, diese Momente bewusst einzuplanen und sich Zeit für sich selbst zu nehmen. Häufig wird erwartet, dass man ständig präsent, ansprechbar und kommunikativ ist – Anforderungen, die auf Dauer an der mentalen Gesundheit introvertierter Menschen zehren. Selbstfürsorge ist daher nicht nur eine nette Idee, sondern eine essenzielle Praxis, um langfristig in Balance zu bleiben und die eigenen Stärken voll entfalten zu können.

Viele Introvertierte kennen das Gefühl, am Ende eines langen Arbeitstags völlig ausgelaugt zu sein, obwohl sie eigentlich "nur" ihrem Alltag nachgegangen sind. Die ständige Reizüberflutung durch Gespräche, Meetings und Interaktionen hinterlässt Spuren, die sich in körperlicher und geistiger Erschöpfung zeigen können. Während extrovertierte Menschen durch soziale Interaktionen Energie tanken, ist es bei Introvertierten genau umgekehrt: Jede soziale Situation, auch wenn sie noch so angenehm und sinnvoll ist, verbraucht Energie. Um diese Energie zurückzugewinnen, braucht es gezielte Momente der Ruhe und des Alleinseins. Selbstfürsorge ist also ein aktiver Weg, sich diese Momente bewusst zu nehmen und für sich selbst einzustehen – ein klares Signal an sich und andere, dass das eigene Wohlbefinden Priorität hat.

Ein weiterer Grund, warum Selbstfürsorge für Introvertierte so wichtig ist, liegt in der Empfindlichkeit gegenüber Reizen. Introvertierte Menschen reagieren auf sensorische und soziale Reize häufig intensiver als Extrovertierte. Ein lauter Raum, viele Menschen, ein hektischer Arbeitstag – all das sind Einflüsse, die das Nervensystem stark beanspruchen. Die Reaktion auf diese Reize findet nicht nur im Kopf, sondern im gesamten Körper statt. Herzfrequenz und Blutdruck können steigen, die Muskeln verspannen sich, und das Gehirn arbeitet auf Hochtouren, um all die Eindrücke zu verarbeiten. Ohne Erholungsphasen führt dieser Zustand oft zu einer Art Dauerstress, der langfristig das Risiko für mentale und körperliche Erkrankungen wie Burnout,

Schlafstörungen und Erschöpfung erhöhen kann. Die bewusste Entscheidung, regelmäßig Pausen einzulegen, ist daher nicht nur eine mentale, sondern auch eine körperliche Notwendigkeit, um die eigene Gesundheit zu schützen.

Für viele Introvertierte ist Selbstfürsorge jedoch nicht immer leicht umzusetzen, weil sie oft das Gefühl haben, ständig Erwartungen erfüllen zu müssen. Gerade in einem extrovertiert geprägten Umfeld fühlen sich viele Introvertierte unter Druck, sich anzupassen, „mithalten" zu müssen und nicht „abseits" zu stehen. Das führt oft dazu, dass sie ihre eigenen Bedürfnisse ignorieren, um den Anforderungen des Umfelds gerecht zu werden. Vielleicht kennst du das Gefühl, dich auf eine lange Woche voller Termine und Meetings mental vorzubereiten und dabei schon vorher zu spüren, wie anstrengend es wird. Selbstfürsorge bedeutet in diesem Fall, den Mut zu haben, Grenzen zu setzen, auch wenn es zunächst ungewohnt erscheint. Es bedeutet, auf die eigenen Bedürfnisse zu hören und sich Pausen einzuplanen – sei es durch einen kurzen Spaziergang in der Mittagspause, das bewusste Abschalten des Telefons am Feierabend oder das Aufsuchen eines ruhigen Raums, um durchzuatmen.

Selbstfürsorge ist für Introvertierte auch eine Möglichkeit, ihre Stärken zu fördern und ihr volles Potenzial zu entfalten. Introvertierte Menschen besitzen oft wertvolle Fähigkeiten wie tiefgehende Selbstreflexion, ein ausgeprägtes Gespür für Details und eine ruhige, fokussierte Art der Problemlösung. Doch all diese Stärken können nur dann voll zum Tragen kommen, wenn ausreichend Zeit und Raum für Rückzug und Erholung vorhanden ist. Wenn wir uns nicht regelmäßig um uns selbst kümmern, neigen wir dazu, in einem Modus des „Funktionierens" zu bleiben – wir tun, was von uns erwartet wird, ohne Raum für Kreativität und Eigeninitiative zu haben. Selbstfürsorge gibt uns die Möglichkeit, uns von äußeren Erwartungen zu lösen und uns wieder mit unseren inneren Stärken und Werten zu verbinden. Sie schenkt uns die Klarheit und die Energie, authentisch zu sein und in schwierigen Situationen bei uns selbst zu bleiben.

Ein wichtiger Teil der Selbstfürsorge für Introvertierte ist das Setzen von Grenzen. Für viele ist es eine Herausforderung, „Nein" zu sagen, vor allem wenn sie das Gefühl haben, andere enttäuschen zu können. Doch jedes „Ja" zu einer weiteren Verpflichtung ist ein „Nein" zu dir selbst und deiner Erholung. Selbstfürsorge bedeutet, die eigenen Grenzen zu erkennen und zu akzeptieren, dass es in Ordnung ist, nicht immer verfügbar zu sein. Vielleicht fällt es dir schwer, dich in Meetings zurückzuziehen, ohne dich schuldig zu fühlen, oder du zögerst, einen Moment der Stille zu genießen, wenn andere gesellig beisammen sind. Doch das Akzeptieren dieser Momente und das Einfordern von Rückzug ist ein Akt des Selbstrespekts und der Selbstachtung.

Die Entscheidung, für dich selbst zu sorgen, bedeutet letztlich, dich selbst so anzunehmen, wie du bist, und dir die Ruhe zu gönnen, die du brauchst. Sie ist ein Weg, dich von gesellschaftlichen Erwartungen und Normen zu lösen, die dich vielleicht in einen extrovertierten „Idealtypus" drängen wollen. Indem du deine Bedürfnisse anerkennst und ihnen Raum gibst, schaffst du ein Umfeld, in dem du dein Potenzial auf gesunde und nachhaltige Weise entfalten kannst. Selbstfürsorge ist kein Luxus, sondern eine Notwendigkeit, um langfristig leistungsfähig, zufrieden und gesund zu bleiben.

Selbstfürsorge kann viele Formen annehmen, und es gibt keinen einheitlichen Weg, der für alle funktioniert. Die Herausforderung besteht darin, die für dich passenden Strategien zu finden, die dir helfen, dich zu erholen und bei dir selbst zu bleiben. Vielleicht bedeutet es für dich, nach der Arbeit einen ruhigen Spaziergang zu machen, ein Buch zu lesen oder einfach eine Weile in Stille zu verbringen, um den Kopf freizubekommen. Vielleicht hilft es dir auch, Meditation oder Atemübungen in deinen Alltag zu integrieren, um dich schneller von sozialen Reizen zu erholen. Was auch immer es ist, finde die Methoden, die dir guttun, und integriere sie bewusst in deinen Alltag.

Letztlich ist Selbstfürsorge für Introvertierte ein Akt der Selbstermächtigung. Sie gibt dir die Möglichkeit, deine Bedürfnisse klarer wahrzunehmen und dich selbst in den Mittelpunkt zu stellen. Selbstfürsorge bedeutet, dich nicht von den Anforderungen des Alltags überwältigen zu lassen, sondern deinen eigenen Weg zu finden, der dich stärkt und dir Kraft gibt. Indem du für dich selbst sorgst, gibst du dir die Erlaubnis, authentisch zu leben und deine Stärken auf eine Weise einzusetzen, die dir guttut und dich langfristig erfüllt.

Kapitel 1: Was bedeutet es, introvertiert zu sein?

Introvertiert zu sein ist eine bestimmte Art, die Welt tief und intensiv wahrzunehmen. Es ist weit mehr als ein bloßes Bedürfnis nach Ruhe oder Alleinsein; es ist eine Persönlichkeitseigenschaft, die tief in der Art und Weise verwurzelt ist, wie das Gehirn Informationen verarbeitet und auf Reize reagiert. Während viele Menschen extrovertierte Verhaltensweisen und Eigenschaften im gesellschaftlichen Kontext als „normal" empfinden – gesellige Gespräche, schnelle Kommunikation, Teamwork –, erleben Introvertierte diese Welt aus einer anderen, vielschichtigen Perspektive, die eine Balance zwischen innerer und äußerer Welt erfordert, um sich in einem lauten Umfeld sicher und wohlzufühlen.

Introvertierte Menschen bevorzugen oft eine zurückgezogene Art der Interaktion. Sie haben eine aktive, tiefgehende innere Gedankenwelt, in der Reflexion, Ruhe und Selbstverständnis eine zentrale Rolle spielen. Diese Menschen sind nicht einfach nur „ruhig" oder „zurückhaltend" – sie erleben die Welt auf eine Weise, die andere oft nicht sehen können. Es ist ein intensives, aber oft auch stilles Erleben. Wenn ein extrovertierter Mensch in einer Menschenmenge aufblüht und seine Energie aus den Interaktionen um sich herum schöpft, empfindet ein introvertierter Mensch dieselbe Situation meist ganz anders: Die vielen Gespräche, die Geräusche und die dauernden sozialen Erwartungen kosten Energie, statt sie zu liefern.

Ein wichtiger Aspekt der Introversion ist die Empfindlichkeit gegenüber Reizen. Für Introvertierte ist die Welt voller Details, und das Gehirn verarbeitet diese mit einer bemerkenswerten Tiefe. Neurowissenschaftliche Studien zeigen, dass das Gehirn von Introvertierten weniger Belohnung durch äußere Stimulation erfährt und deshalb stärker auf innere Prozesse fokussiert ist. Wenn Extrovertierte in einer Situation nach schnellen Belohnungen suchen – durch soziales Feedback, Gesprächspartner oder neue Erfahrungen –, wird das Gehirn introvertierter Menschen aktiv durch innere Prozesse, Gedankenketten und Details stimuliert, die tief in ihrem Inneren wirken. Dieses Bedürfnis nach einer vielschichtigen Wahrnehmung kann dazu führen, dass Introvertierte sich weniger von der äußeren Welt angezogen fühlen, weil ihre innere Welt so reich und anregend ist.

In der Praxis bedeutet das, dass introvertierte Menschen nicht nur hören, was gesagt wird – sie nehmen Nuancen in der Stimme wahr, spüren kleine Veränderungen in der Stimmung anderer und verarbeiten gleichzeitig ihre eigenen Reaktionen. Für viele Introvertierte kann ein einfaches Gespräch deshalb zu einer intensiven Erfahrung werden, die mehr Konzentration und Energie erfordert, als es Extrovertierte vielleicht empfinden würden. Das Erleben ist tiefer und reichhaltiger, aber genau dadurch auch schnell überfordernd. Wenn andere sich von einer Interaktion erfrischt und angeregt fühlen, kann es bei Introvertierten das Gegenteil bewirken: Sie benötigen Ruhe, um ihre Gedanken zu ordnen und die Eindrücke in ihrer inneren Welt zu verarbeiten.

Introversion bedeutet oft, Emotionen intensiver und bewusster wahrzunehmen. Während viele Menschen ihre Gefühle direkt äußern und teilen, nehmen sich Introvertierte oft zurück, weil ihre Emotionen tief in ihnen verwurzelt sind und intensiver erlebt werden. Ein extrovertierter Mensch mag beispielsweise Wut oder Freude schnell und direkt zum Ausdruck bringen, während ein introvertierter Mensch diese Gefühle durchdenkt und verarbeitet, bevor er sie teilt. Diese emotionale Tiefe kann dazu führen, dass Introvertierte Beziehungen intensiver erleben, weil sie die Bedürfnisse und Stimmungen anderer stark wahrnehmen und oft mehr darüber nachdenken, wie sie auf andere wirken.

Introvertierte Menschen sind oft sehr einfühlsam und haben eine tiefe emotionale Intelligenz, die es ihnen ermöglicht, Stimmungen und Gefühle bei anderen intuitiv zu erfassen. Doch diese Tiefe hat auch ihre Schattenseiten: Die intensive Wahrnehmung von Emotionen kann schnell zu einer Überladung führen, besonders in Umfeldern, die viele soziale Interaktionen erfordern. So empfinden es viele Introvertierte als herausfordernd, in Gruppen von Menschen die Balance zwischen Empathie und

Selbstschutz zu wahren, weil sie das Gefühl haben, von den Emotionen anderer förmlich „überrannt" zu werden.

Introvertierte Menschen haben oft eine aktivere präfrontale Hirnrinde – jener Bereich, der für Planung, Selbstkontrolle und komplexes Denken zuständig ist. Diese erhöhte Aktivität führt dazu, dass sie ständig über Dinge nachdenken, oft auch in alltäglichen Situationen. Diese Gedankenprozesse ermöglichen es Introvertierten, komplexe Probleme tief zu analysieren und kreative Lösungen zu finden, die in einer schnellen, extrovertierten Gesellschaft übersehen werden könnten. Ein Vorteil dieser Denkweise ist die Fähigkeit, Situationen klar und präzise zu durchdenken, doch kann es auch dazu führen, dass sie im Alltag „den Wald vor lauter Bäumen nicht sehen".

Introvertierte können dazu neigen, Dinge zu überdenken und in Gedankenschleifen zu geraten, die ihre Selbstwahrnehmung und Entscheidungsfähigkeit beeinträchtigen. Situationen, die anderen einfach erscheinen, können für Introvertierte durch die zahlreichen Gedanken, die ihnen durch den Kopf gehen, komplex und herausfordernd werden. Diese „Überanalyse" ist Teil ihrer Natur und führt oft dazu, dass Introvertierte besonders achtsam und sensibel in ihrem Umfeld agieren – ein Vorteil, der jedoch auch zur Belastung werden kann, wenn es keine Möglichkeit zum Rückzug und zur Verarbeitung gibt.

Für Introvertierte ist Rückzug kein Luxus, sondern eine Notwendigkeit. Nach sozialen Interaktionen benötigen sie Zeit, um ihre inneren Akkus wieder aufzuladen und ihre Gedanken und Gefühle zu ordnen. Rückzug bedeutet nicht nur, sich körperlich von anderen Menschen zu entfernen, sondern auch, sich in einen Zustand der Ruhe zu versetzen, in dem sie wieder zu sich selbst finden können. Viele Introvertierte berichten, dass sie sich nach intensiven Tagen „ausgelaugt" und „leergebrannt" fühlen und eine tiefe innere Unruhe verspüren, wenn sie nicht die Gelegenheit hatten, sich in Ruhe mit sich selbst zu beschäftigen.

In der modernen Arbeitswelt, die oft extrovertierte Strukturen wie Großraumbüros und ständige Erreichbarkeit fördert, bleibt wenig Raum für diese Art des Rückzugs. Introvertierte empfinden solche Arbeitsumgebungen oft als anstrengend, da sie kaum die Möglichkeit haben, sich zu isolieren und zu regenerieren. Der fehlende Rückzug führt auf Dauer zu einem Zustand der Überstimulation, der sich negativ auf ihre geistige und körperliche Gesundheit auswirken kann. Die Pausen, die sie brauchen, sind ein Weg, um die eigene Mitte zu finden und die innere Balance zu stärken, die sie benötigen, um ihre sozialen und beruflichen Verpflichtungen zu erfüllen.

Introvertierte Menschen besitzen Stärken, die in einer schnelllebigen, extrovertierten Gesellschaft oft nicht direkt sichtbar sind, jedoch langfristig großen Wert haben. Ihre Fähigkeit zur Selbstreflexion und die intensive Wahrnehmung ihrer Umgebung verleihen ihnen eine tiefe Kreativität. Introvertierte blühen in Momenten des Alleinseins oft auf, weil sie hier die Möglichkeit haben, Ideen zu entwickeln und neue Lösungen zu finden. Die Fähigkeit, Dinge im Stillen zu analysieren und kreative Ansätze zu entwickeln, ist eine ihrer großen Stärken, die sich besonders in Situationen auszahlt, die Geduld und Einfallsreichtum erfordern.

Zudem zeichnet sich Introversion durch eine besondere Empathie und zwischenmenschliche Sensibilität aus. Introvertierte sind oft besonders gute Zuhörer und können sich in die Perspektiven und Emotionen anderer Menschen hineinversetzen. Diese Fähigkeit, sich in andere Menschen einzufühlen, erlaubt es ihnen, tiefe Verbindungen aufzubauen und authentische Beziehungen zu pflegen. Introvertierte Freund:innen, Partner:innen und Kolleg:innen sind oft für ihre Verlässlichkeit und ihre Loyalität bekannt, da sie Beziehungen in der Regel ernst nehmen und bereit sind, in echte Bindungen zu investieren.

Introvertiert zu sein, bedeutet, die Welt auf eine intensive, oft tiefgründige Weise zu erleben. Während die moderne Gesellschaft oft extrovertierte Qualitäten wie Geselligkeit und Offenheit belohnt, haben introvertierte Menschen eine Vielzahl an Fähigkeiten, die genauso wertvoll sind. Ihre Fähigkeit zur Selbstreflexion, ihre Sensibilität und ihre emotionale Tiefe machen sie zu wertvollen Gesprächspartner:innen, Freund:innen und

Teammitgliedern. Für Introvertierte ist es wichtig, ihre eigenen Bedürfnisse zu erkennen und wertzuschätzen und sich die Erlaubnis zu geben, ihren eigenen Weg zu gehen – auch wenn dieser von der Mehrheit nicht immer verstanden wird.

Indem introvertierte Menschen ihre Stärken bewusst leben und Raum für Selbstfürsorge schaffen, können sie ihre einzigartigen Qualitäten in vollem Umfang entfalten. Es bedeutet, ihre Energie zu schützen, ihre Bedürfnisse zu respektieren und ihre persönlichen Grenzen zu setzen, um in einer lauten, extrovertierten Welt ihre leise, aber eindrucksvolle Stimme zu bewahren.

Definition von Introversion und die Vielfalt introvertierter Persönlichkeiten

Introversion beschreibt eine Art der Wahrnehmung und Verarbeitung von Informationen, die stark nach innen gerichtet ist. Während Extrovertierte ihre Energie aus dem Austausch mit der Außenwelt beziehen und durch soziale Interaktionen aufblühen, schöpfen Introvertierte Kraft aus ihrer Innenwelt, aus Ruhe und Reflexion. Introversion ist keine Abneigung gegenüber Gesellschaft, sondern ein tiefes Bedürfnis, in Ruhe und Zurückgezogenheit ihre eigene Balance und Energie wiederherzustellen. Es ist eine grundlegende Persönlichkeitsausrichtung, die beeinflusst, wie Menschen auf ihre Umgebung reagieren und welche sozialen oder sensorischen Reize sie anregen oder ermüden.

Der Psychologe Carl Jung prägte den Begriff der Introversion und stellte ihn dem der Extroversion gegenüber. Für Jung waren Introversion und Extroversion keine gegensätzlichen Extreme, sondern zwei Seiten eines Spektrums, auf dem sich jede Person bewegt – allerdings tendieren Menschen stärker zur einen oder anderen Seite. Introversion und Extroversion sind also keine starren Kategorien, sondern flexible Merkmale, die sich im Laufe des Lebens und in verschiedenen Kontexten verändern können. Introversion ist also weder eine „Schüchternheit" noch ein Desinteresse an sozialen Kontakten; es ist vielmehr eine besondere Art, Informationen zu verarbeiten und die eigenen Ressourcen zu bewahren.

Innerhalb der Introversion gibt es eine breite Vielfalt an Persönlichkeiten. Introversion äußert sich bei verschiedenen Menschen unterschiedlich, und so gibt es keine „Einheitsform" des introvertierten Charakters. Einige Menschen sind eher „soziale Introvertierte", die ruhig und zurückhaltend sind, aber dennoch gerne Zeit mit ausgewählten Menschen verbringen. Andere wiederum sind sogenannte „reflektive Introvertierte", die sich besonders durch ihre intensiven Gedankenprozesse und ihre Fähigkeit zur Selbstreflexion auszeichnen. Auch die Begriffe „ängstliche" und „zurückhaltende" Introvertierte werden manchmal verwendet, um zu verdeutlichen, dass sich Introversion je nach Persönlichkeit und Lebensumfeld anders auswirken kann.

Soziale Introvertierte sind Menschen, die es genießen, Zeit mit vertrauten Menschen zu verbringen, aber eher in kleinen Gruppen und ruhigen Umgebungen. Sie haben kein Bedürfnis nach großen, lauten Veranstaltungen oder zahlreichen sozialen Kontakten, sondern bevorzugen einen kleinen, engen Freundeskreis. Für sie ist soziale Interaktion erfüllend, solange sie in Maßen und in einem ruhigen, unaufdringlichen Rahmen stattfindet.

Reflektive Introvertierte wiederum erleben ihre Welt durch die Linse intensiver Selbstreflexion. Sie neigen dazu, ihre Gedanken tief zu analysieren und Situationen ausführlich zu überdenken, bevor sie eine Entscheidung treffen oder sich äußern. Für diese Menschen ist der Austausch mit sich selbst und ihren eigenen Gedanken ein wesentlicher Bestandteil ihrer Persönlichkeit. Sie genießen das Alleinsein, weil es ihnen Raum gibt, ihre Ideen und Erfahrungen zu verarbeiten und daraus zu lernen.

Es gibt auch ängstliche Introvertierte, die sich oft unsicher fühlen und sich in sozialen Situationen nicht immer wohlfühlen. Für sie kann das Bedürfnis nach Ruhe und Rückzug auch daherkommen, dass sie sich in großen Gruppen oder neuen Situationen überfordert fühlen. Diese Form der Introversion wird manchmal fälschlicherweise als soziale Angst interpretiert, ist jedoch oft ein Zeichen einer starken Empfindsamkeit gegenüber Reizen. Ängstliche Introvertierte fühlen sich am wohlsten, wenn sie in einer gewohnten Umgebung sind und den sozialen Kontakt selbst steuern können.

Zurückhaltende Introvertierte sind ebenfalls eine einzigartige Gruppe innerhalb der Introversion. Sie sind oft bedächtig und vorsichtig, gehen Gesprächen oder neuen Kontakten mit einem natürlichen Zögern entgegen und nehmen sich gerne Zeit, bevor sie ihre Gedanken oder Gefühle ausdrücken. Diese Zurückhaltung ermöglicht es ihnen, die Menschen und die Situation genau zu beobachten und Entscheidungen überlegt zu treffen. In sozialen Interaktionen sind sie oft stille Zuhörer:innen, die tief nachdenken und reflektieren, bevor sie sich äußern.

Die Vielfalt introvertierter Persönlichkeiten zeigt, dass Introversion eine flexible, facettenreiche Eigenschaft ist, die nicht auf eine einfache Definition reduziert werden kann. Manche Menschen sind sehr ruhig und brauchen viel Zeit für sich selbst, während andere gerne in Gesellschaft sind, jedoch nur in einem vertrauten und ruhigen Rahmen. Einige Introvertierte sind tief in ihren Gedanken versunken, während andere sehr empfindsam auf ihre Umwelt reagieren. Die Art und Weise, wie sich Introversion bei jedem Einzelnen äußert, hängt von der Kombination aus genetischen Dispositionen, Lebenserfahrungen und aktuellen Lebensbedingungen ab. So zeigt sich, dass Introversion eine umfassende und nuancierte Charaktereigenschaft ist, die viel Platz für Individualität lässt und Raum für die eigene persönliche Entfaltung bietet.

Biologische und psychologische Grundlagen von Introversion

Introversion ist tief in biologischen und psychologischen Mechanismen verankert, die bestimmen, wie das Gehirn auf Reize reagiert und wie Informationen verarbeitet werden. Die Forschung zeigt, dass die Unterschiede zwischen introvertierten und extrovertierten Persönlichkeiten nicht nur kulturell oder gesellschaftlich geprägt sind, sondern auch auf biologischen Unterschieden beruhen, die die Art und Weise beeinflussen, wie Menschen ihre Umwelt erleben und auf sie reagieren. Diese Unterschiede sind oft subtil, wirken sich aber erheblich darauf aus, wie sich Introvertierte in ihrer Umgebung fühlen und welche sozialen Interaktionen sie als angenehm oder belastend empfinden.

Ein wesentlicher biologischer Unterschied zwischen introvertierten und extrovertierten Menschen liegt in der Funktionsweise ihres Nervensystems, insbesondere der Art, wie das Gehirn Reize verarbeitet und darauf reagiert. Introvertierte verfügen über ein Nervensystem, das schneller und intensiver auf äußere Reize reagiert, was sie empfindsamer gegenüber Sinneseindrücken wie Geräuschen, Lichtern oder sozialen Interaktionen macht. Dies führt dazu, dass Introvertierte schneller eine Art „Reizüberflutung" erleben können, wenn sie in lauten oder intensiven Umgebungen sind, und sich deshalb häufiger zurückziehen, um die Flut an Eindrücken zu verarbeiten und ihre innere Balance wiederherzustellen.

Neurowissenschaftliche Untersuchungen zeigen, dass das Gehirn von Introvertierten oft eine höhere Grundaktivität in bestimmten Regionen aufweist, insbesondere im präfrontalen Kortex, dem Bereich, der für komplexe Denkvorgänge, Selbstreflexion und Planung verantwortlich ist. Dieser Bereich arbeitet bei Introvertierten oft stärker, selbst in Ruhephasen. Das bedeutet, dass introvertierte Menschen ständig Gedanken verarbeiten und analysieren, selbst wenn sie sich in sozialen Situationen befinden. Diese ständige mentale Aktivität trägt dazu bei, dass Introvertierte soziale Interaktionen als anstrengender empfinden, da sie gleichzeitig damit beschäftigt sind, die Umgebung, die Menschen und ihre eigenen Reaktionen zu beobachten und zu bewerten.

Eine weitere biologische Grundlage der Introversion findet sich im Belohnungssystem des Gehirns, insbesondere in der Art und Weise, wie Dopamin, ein Neurotransmitter, verarbeitet wird. Dopamin spielt eine zentrale Rolle bei der Motivation und dem Gefühl von Belohnung und Freude. Extrovertierte Menschen reagieren besonders stark auf Dopamin und erleben einen positiven „Kick", wenn sie sich in sozialen Situationen befinden oder neue Erfahrungen machen. Dies erklärt, warum Extrovertierte oft auf Abenteuer, Kontakte und neue Reize ausgerichtet sind – ihr Gehirn belohnt sie für solche Erlebnisse.

Introvertierte hingegen haben eine geringere Toleranz gegenüber hohen Dopaminspiegeln und erleben bei starker Stimulation eher ein Gefühl der Überlastung als des Wohlbefindens. Ihr Belohnungssystem ist weniger auf schnelle, äußere Anreize ausgerichtet und reagiert stattdessen empfindlicher auf innere Stimulation – beispielsweise durch das Nachdenken über Ideen, das Planen von Projekten oder das Genießen stiller, selbst gewählter Aktivitäten. Während Extrovertierte durch äußere Aktivitäten angeregt werden, erleben Introvertierte innere Gedanken- und Reflexionsprozesse als angenehme und befriedigende Art der Stimulation. Dies erklärt, warum sie oft den Austausch mit sich selbst oder das Nachdenken über komplexe Themen bevorzugen, anstatt in ständigem Kontakt mit der Außenwelt zu stehen.

Neben Dopamin spielt auch Acetylcholin eine Rolle, wenn es um das biologische Verständnis der Introversion geht. Acetylcholin ist ein Neurotransmitter, der eine beruhigende Wirkung auf das Nervensystem hat und für Aufmerksamkeit, Gedächtnis und Lernen wichtig ist. Anders als Dopamin, das durch äußere Stimulation aktiviert wird, wird Acetylcholin vor allem dann freigesetzt, wenn wir uns in ruhigen, fokussierten Zuständen befinden – zum Beispiel beim Lesen, Meditieren oder konzentrierten Arbeiten. Introvertierte neigen dazu, diese Art von ruhiger, fokussierter Aktivität als besonders angenehm und befriedigend zu erleben, weil ihr Gehirn empfänglicher für Acetylcholin ist. Während Extrovertierte auf Stimulation und Dopamin ausgerichtet sind, erleben Introvertierte das Gefühl von Zufriedenheit und Ruhe durch Aktivitäten, die Acetylcholin fördern.

Diese biologischen Unterschiede führen dazu, dass Introvertierte natürliche Präferenzen für ruhige, konzentrierte Tätigkeiten entwickeln, bei denen sie ihre Gedanken vertiefen und innerlich zur Ruhe kommen können. Diese Art von Tätigkeit erlaubt es ihnen, ihre inneren Ressourcen zu regenerieren und in einem Zustand der Gelassenheit und Selbstreflexion zu bleiben, der sie stärkt und ihre Kreativität anregt.

Psychologisch betrachtet, sind Introvertierte oft stärker auf innere Prozesse wie Selbstreflexion und das Nachdenken über Gefühle und Gedanken ausgerichtet. Sie verbringen viel Zeit mit „innerem Dialog", das heißt, sie denken intensiv über Situationen nach, analysieren ihre Reaktionen und versuchen, aus ihren Erfahrungen zu lernen. Dieser Hang zur Selbstreflexion ist ein wichtiger Teil der introvertierten Persönlichkeit und ermöglicht es Introvertierten, ein tieferes Verständnis für sich selbst und ihre Bedürfnisse zu entwickeln. Sie hinterfragen ihre Handlungen und Empfindungen oft und sind bestrebt, ihre Gedanken klar zu ordnen, bevor sie sie mit anderen teilen. Diese reflektierte Art, die Welt zu sehen, macht Introvertierte besonders aufmerksam für Details und Zwischentöne in Gesprächen und Situationen.

Jedoch kann diese Selbstreflexion auch zu Herausforderungen führen, besonders in stressigen oder sozialen Situationen. Introvertierte neigen dazu, Erlebnisse und Gespräche im Nachhinein immer wieder zu durchdenken, was sich in Form von „Overthinking" oder einer gewissen Gedankenschwere äußern kann. Das Bedürfnis, jede Reaktion oder Emotion zu verstehen und zu verarbeiten, kann dazu führen, dass Introvertierte eine „Gedankenschleife" erleben, in der sie Ereignisse immer wieder analysieren und möglicherweise unsicher werden. Diese Sensibilität gegenüber inneren und äußeren Reizen führt oft zu einem Bedürfnis nach Rückzug und Ruhe, um die Fülle an Eindrücken zu verarbeiten.

Introvertierte Menschen weisen oft eine hohe Sensibilität und Empfindsamkeit gegenüber sozialen und emotionalen Reizen auf, was mit ihrer Fähigkeit zur Selbstreflexion zusammenhängt. Sie nehmen emotionale Schwingungen und die Bedürfnisse anderer sehr genau wahr und reagieren oft empathisch und zurückhaltend, um Konflikte zu vermeiden oder andere nicht zu belasten. Diese Empfindsamkeit kann jedoch auch eine Belastung darstellen, da Introvertierte dazu neigen, die Emotionen anderer Menschen tief in sich aufzunehmen und zu verarbeiten. In einem extrovertierten Umfeld kann diese Art der Empathie schnell zu Überlastung und Erschöpfung führen, da sie ständig mit den Gefühlen anderer konfrontiert sind, die sie möglicherweise unbewusst in sich aufnehmen. Psychologisch gesehen, verleiht diese Empfindsamkeit introvertierten Menschen jedoch auch ein hohes Maß an emotionaler Intelligenz und die Fähigkeit, in Beziehungen tiefere Verbindungen zu schaffen. Sie verstehen die subtilen Anzeichen von Unwohlsein oder Freude in anderen und gehen oft feinfühlig auf deren Bedürfnisse ein. Diese „leisen" Qualitäten machen Introvertierte zu wertvollen Freund:innen, Partner:innen und Kolleg:innen, da sie häufig in der Lage sind, sich intuitiv in andere hineinzuversetzen und ihnen auf einer tiefen, emotionalen Ebene zu begegnen.

Es ist wichtig zu verstehen, dass Introversion keine starre Eigenschaft ist, sondern eher ein Spektrum, auf dem sich Menschen unterschiedlich bewegen. Es gibt keine „typische" Art der Introversion – vielmehr bringt jede introvertierte Person ihre eigene Ausprägung und Intensität mit. Manche Menschen sind nur leicht introvertiert und fühlen sich durchaus wohl in sozialen Umgebungen, solange diese nicht zu intensiv sind. Andere hingegen sind stärker introvertiert und benötigen mehr Zeit und Raum für sich selbst, um ihre Energiereserven wieder aufzuladen. Diese Vielfalt innerhalb der Introversion zeigt, dass introvertierte Menschen nicht in eine einzige Schublade passen, sondern eine breite Palette an Persönlichkeitsmerkmalen aufweisen, die von ihren biologischen und psychologischen Grundlagen beeinflusst werden. Zusammenfassend lässt sich sagen, dass Introversion sowohl biologisch als auch psychologisch fundierte Wurzeln hat, die tief in der Funktionsweise des Gehirns und der inneren Wahrnehmung verankert sind. Sie ist eine komplexe, oft unterschätzte Eigenschaft, die introvertierten Menschen eine besondere Sensibilität und Empfindsamkeit verleiht. Indem sie diese Eigenschaften als Teil ihrer Persönlichkeit annehmen und ihre einzigartigen Stärken erkennen, können Introvertierte lernen, ihre natürlichen Bedürfnisse zu schätzen und sich selbst in einer extrovertierten Welt auf eine Weise zu unterstützen, die sie stärkt und ihre ganz persönliche Art zu leben respektiert.

Die Rolle des Nervensystems und warum Introvertierte anders auf Stimuli reagieren

Introvertierte Menschen erleben die Welt intensiver und differenzierter, was stark mit der Funktionsweise ihres Nervensystems zusammenhängt. Das Nervensystem von Introvertierten reagiert sensibel und schnell auf äußere Reize – sei es auf Geräusche, visuelle Eindrücke, soziale Interaktionen oder körperliche Empfindungen. Diese hohe Reaktionsbereitschaft ist ein wichtiger Grund dafür, warum Introvertierte sich schneller von ihrer Umgebung überfordert fühlen und Rückzug und Ruhephasen benötigen, um wieder ins Gleichgewicht zu kommen.

Unser autonomes Nervensystem, das unbewusst im Hintergrund arbeitet, steuert viele körperliche Funktionen und spielt eine zentrale Rolle bei der Verarbeitung von Reizen. Es besteht aus zwei Hauptteilen: dem sympathischen Nervensystem, das den Körper in Alarmbereitschaft versetzt, und dem parasympathischen Nervensystem, das für Entspannung und Regeneration zuständig ist. Bei Introvertierten neigt das sympathische Nervensystem dazu, besonders schnell zu reagieren, was bedeutet, dass sie Reize intensiver und bewusster wahrnehmen. Schon kleine Veränderungen in der Umgebung – ein lautes Geräusch, eine größere Menschenmenge oder ein intensives Gespräch – können bei ihnen zu einer erhöhten sympathischen Aktivierung führen, die das Gefühl von Stress und innerer Anspannung auslöst.

Wenn Introvertierte sich in einer Reiz-überfluteten Umgebung befinden, bleibt ihr sympathisches Nervensystem oft länger aktiv, während das parasympathische System, das für die Beruhigung des Körpers zuständig ist, nicht sofort greift. Dies führt zu einer Art „Stau" der Reize, bei dem das Gehirn und der Körper sich in einem Zustand der Überstimulation befinden, ohne schnell in den Zustand der Entspannung zurückkehren zu können. Diese andauernde Aktivierung erschöpft die Energiereserven schneller, was die Notwendigkeit für regelmäßige Pausen und Rückzugsphasen unterstreicht.

Ein weiterer entscheidender Faktor ist das retikuläre Aktivierungssystem (RAS), ein Bereich im Hirnstamm, der als eine Art „Filter" für Informationen fungiert und steuert, welche Reize in das Bewusstsein gelangen. Bei Introvertierten ist das RAS besonders durchlässig, was bedeutet, dass viele Reize gleichzeitig und intensiv wahrgenommen werden. Während Extrovertierte ein RAS haben, das stärker filtert und nur gezielt auf intensive Reize anspricht, nimmt das RAS bei Introvertierten auch feinste Details wahr, selbst wenn sie wenig oder gar nicht von Bedeutung sind.

Diese erhöhte Wahrnehmung führt dazu, dass Introvertierte in sozialen oder sensorisch intensiven Umgebungen eine Art Reizüberflutung erleben, die schnell zu Stress und mentaler Erschöpfung führen kann. Das Gehirn von Introvertierten benötigt daher mehr Zeit, um die zahlreichen Informationen zu verarbeiten und in das Langzeitgedächtnis zu überführen, was bedeutet, dass sie regelmäßige Pausen benötigen, um diese Datenmenge zu bewältigen.

Die Reaktion des Nervensystems auf Stimuli ist auch stark mit der Verarbeitung von Neurotransmittern, wie Dopamin und Acetylcholin, verbunden. Während

Extrovertierte ein Belohnungssystem haben, das stark auf Dopamin reagiert und sie für äußere Stimulation „belohnt", ist das Belohnungssystem von Introvertierten anders ausgerichtet. Introvertierte reagieren nicht so stark auf Dopamin und empfinden keine große Belohnung durch äußere Reize wie soziale Interaktionen oder neue Erfahrungen. Stattdessen ist ihr Nervensystem stärker durch Acetylcholin geprägt, einen Neurotransmitter, der durch ruhige, fokussierte Zustände aktiviert wird und zur Entspannung und Vertiefung der Konzentration beiträgt.

Introvertierte empfinden daher tiefe Zufriedenheit und Ruhe in stillen Momenten und sind auf eine Weise stimuliert, die eher innengerichtet ist. Während Extrovertierte durch äußere Reize wie Menschen, neue Erlebnisse oder laute Umgebungen angeregt werden, erleben Introvertierte eine Art „Belohnung" durch Aktivitäten, die ruhige Konzentration und innere Reflexion fördern. Deshalb bevorzugen sie Situationen, die ihnen die Möglichkeit geben, sich in ihrer eigenen Gedankenwelt zu bewegen und tief in Themen oder Aktivitäten einzutauchen.

Die erhöhte Sensibilität des Nervensystems bei Introvertierten ist nicht nur auf soziale Interaktionen beschränkt, sondern umfasst auch die sensorische Wahrnehmung. Viele Introvertierte berichten, dass sie auf intensive Geräusche, helle Lichter oder Menschenansammlungen empfindlich reagieren.

Diese Sensibilität ist biologisch verankert und ein Resultat der Art und Weise, wie das Nervensystem Informationen verarbeitet. Ein einfacher Spaziergang in einer lauten Stadt, eine lebhafte Party oder eine intensive Besprechung im Großraumbüro kann für Introvertierte schnell überfordernd wirken, weil ihr Gehirn jede sensorische Information detailliert aufnimmt und verarbeitet.

Dies ist auch ein Grund, warum Introvertierte eher in ruhigen, strukturierten Umgebungen aufblühen, in denen die sensorische Belastung geringer ist. In stillen, angenehmen Umgebungen kann ihr Nervensystem zur Ruhe kommen und sie haben die Möglichkeit, sich voll auf ihre Gedanken und Aufgaben zu konzentrieren, ohne durch die Reize der Außenwelt abgelenkt zu werden.

Die erhöhte Reizempfindlichkeit des Nervensystems und die andauernde sympathische Aktivierung bedeuten, dass Introvertierte länger brauchen, um sich von stimulierenden Umgebungen oder sozialen Interaktionen zu erholen. Im Gegensatz zu Extrovertierten, die oft direkt in die nächste soziale Aktivität eintauchen können, benötigen Introvertierte bewusste Pausen und Zeit für sich allein, um ihre Energiereserven wieder aufzufüllen. Diese Ruhephasen aktivieren den parasympathischen Teil des Nervensystems, der den Körper in einen Zustand der Entspannung versetzt, die Herzfrequenz senkt und die Atmung verlangsamt – eine Art „Neustart" des Körpers, der die mentalen und körperlichen Ressourcen wiederherstellt.

Introvertierte haben also ein natürliches Bedürfnis, Reize zu kontrollieren und gezielt auszuwählen, um sich nicht zu überlasten. Pausen und Rückzugsmöglichkeiten sind für sie essenziell, um die Balance im Nervensystem zu fördern und Erschöpfung vorzubeugen. Ohne diese bewusste Entlastung bleibt das Nervensystem auf einem hohen Aktivitätsniveau, was langfristig zu Erschöpfung, innerer Unruhe und einer verringerten Fähigkeit zur Fokussierung führen kann.

Die biologische Grundlage für die erhöhte Reizempfindlichkeit von Introvertierten verdeutlicht, warum sie in bestimmten Situationen mehr Ruhe und Rückzug benötigen. Ihr Nervensystem reagiert intensiver auf die Welt um sie herum, und ihre natürliche Art der Verarbeitung ist darauf ausgelegt, Informationen tiefgehend und differenziert aufzunehmen. Durch bewusste Selbstfürsorge und den achtsamen Umgang mit sozialen und sensorischen Reizen können Introvertierte lernen, ihr Nervensystem zu schützen und sich selbst in stressigen oder intensiven Umgebungen eine stabile, erholsame Balance zu schaffen.

Introvertierte Stärken und die Relevanz für den Beruf

Introvertierte Menschen bringen in den Beruf wertvolle Stärken ein, die oft unterschätzt werden, aber in vielen Arbeitsfeldern große Vorteile bieten. Während extrovertierte Eigenschaften wie Selbstbewusstsein, Kommunikationsstärke und Flexibilität oft im Vordergrund stehen, sind es die „leisen" Qualitäten von Introvertierten, die besonders in bestimmten Berufsfeldern und Situationen einen wichtigen Beitrag leisten. Diese Eigenschaften sind nicht nur „nützliche Ergänzungen", sondern oft fundamentale Stärken, die zu langfristigem Erfolg und einem stabilen, kooperativen Arbeitsumfeld beitragen.

Eine der wichtigsten Stärken introvertierter Menschen liegt in ihrer Fähigkeit zur tiefgehenden Analyse und durchdachten Problemlösung. Introvertierte neigen dazu, sich intensiv mit Aufgaben und Themen auseinanderzusetzen und Details genau zu prüfen, bevor sie Entscheidungen treffen. Ihre Denkweise ist oft reflektiert, präzise und auf langfristige Lösungen ausgerichtet. Anstatt sich schnell in neue Projekte zu stürzen, analysieren Introvertierte Risiken und Potenziale gründlich und ziehen oft Rückschlüsse, die anderen entgehen könnten.

Im Beruf ermöglicht diese Fähigkeit eine strategische Herangehensweise, die besonders in Berufen wie Forschung, Wissenschaft, Datenanalyse und Ingenieurwesen geschätzt wird. Hier können introvertierte Menschen ihre analytischen Fähigkeiten optimal einsetzen und ihre natürliche Neigung zur Reflexion als Vorteil nutzen. Diese ruhige, durchdachte Herangehensweise führt zu klaren, nachhaltigen Entscheidungen, die auf einer fundierten Basis beruhen und oft den Unterschied zwischen oberflächlichem Erfolg und langfristiger Stabilität ausmachen.

Introvertierte Menschen besitzen häufig eine bemerkenswerte Fähigkeit, sich über längere Zeiträume hinweg auf eine Aufgabe zu konzentrieren und tief in ihre Arbeit einzutauchen. Während extrovertierte Arbeitsumfelder oft durch Multitasking und schnelle Wechsel zwischen Aufgaben geprägt sind, bevorzugen Introvertierte einen Arbeitsstil, bei dem sie sich vollständig einer Tätigkeit widmen können. Diese tiefe Konzentration und ihr Durchhaltevermögen ermöglichen es ihnen, besonders gründlich und präzise zu arbeiten. Sie schätzen es, in einer Umgebung zu arbeiten, die es ihnen erlaubt, ihre Aufmerksamkeit voll und ganz auf eine Aufgabe zu richten, ohne durch äußere Ablenkungen gestört zu werden.

Diese fokussierte Arbeitsweise ist ein großer Vorteil in Berufen, die Geduld, Detailgenauigkeit und kontinuierliches Arbeiten erfordern, wie zum Beispiel in der Softwareentwicklung, im Design, in der Buchhaltung und im Schreiben. Wenn Introvertierte die Möglichkeit haben, in ihrem eigenen Tempo und mit Raum für ungestörte Konzentration zu arbeiten, können sie besonders produktiv und zufrieden sein. Ihre Fähigkeit zur tiefen Fokussierung führt oft dazu, dass sie qualitativ hochwertige Ergebnisse liefern und weniger Fehler machen, was in vielen Berufen entscheidend ist.

Eine oft übersehene Stärke introvertierter Menschen ist ihre hohe Empathie und ausgeprägte Fähigkeit zum Zuhören. Introvertierte neigen dazu, ihre Gesprächspartner:innen aufmerksam zu beobachten und deren Bedürfnisse und Gefühle zu erfassen, ohne das Gespräch selbst zu dominieren. Diese Zurückhaltung und Feinfühligkeit machen sie zu wertvollen Gesprächspartner:innen, die es anderen ermöglichen, sich gehört und verstanden zu fühlen. Introvertierte sind in der Lage, zwischen den Zeilen zu lesen und auf nonverbale Signale zu achten, was ihre Empathie verstärkt und ihnen erlaubt, tiefer in die Gefühle und Gedanken ihrer Gesprächspartner:innen einzutauchen.

Diese Stärke ist besonders relevant in Berufen, die Kommunikation und zwischenmenschliche

Interaktion erfordern, wie zum Beispiel in der Beratung, im Coaching, in der Psychologie oder in der Sozialarbeit. Hier können Introvertierte ihre Fähigkeit zum aktiven Zuhören nutzen, um tiefere und authentische Beziehungen zu ihren Klient:innen aufzubauen. Diese Verlässlichkeit und Sensibilität schaffen Vertrauen und erleichtern es anderen, offen über ihre Probleme und Anliegen zu sprechen. Introvertierte werden oft als vertrauenswürdige und aufrichtige Kolleg:innen wahrgenommen, die in Gesprächen oder Verhandlungen eine ruhige, besonnene Präsenz einbringen.

Introvertierte Menschen sind oft kreative Denker:innen, die in ruhigen Momenten tiefe Einsichten gewinnen und innovative Ideen entwickeln. Diese Kreativität entsteht aus ihrer Fähigkeit, in sich selbst hineinzuhorchen und eigene Gedankengänge zu reflektieren, ohne sich von äußeren Meinungen beeinflussen zu lassen. Introvertierte neigen dazu, kreative Prozesse alleine oder in kleinen Gruppen zu genießen, da sie sich dort frei fühlen, ihre Gedanken zu entfalten und neue Lösungen zu entwickeln. Ihre Fähigkeit, in Stille über Probleme nachzudenken und Ideen zu entwickeln, ohne sofortige Ergebnisse liefern zu müssen, führt oft zu einzigartigen und originellen Lösungsansätzen.

Berufe, die kreatives Denken und die Entwicklung innovativer Konzepte erfordern, wie etwa Kunst,

Marketing, Design, Forschung oder schriftstellerische Tätigkeiten, bieten introvertierten Menschen oft ein ideales Umfeld. Sie profitieren davon, ihre kreativen Ideen ohne Zeitdruck und mit Raum für Reflexion zu entfalten, was in solchen Berufen als großer Vorteil geschätzt wird. Ihre kreative Denkweise kann dazu führen, dass introvertierte Menschen Lösungen finden, die andere übersehen, da sie in der Lage sind, sich intensiv mit Problemen auseinanderzusetzen und ungewöhnliche Perspektiven einzunehmen.

Introvertierte Menschen bringen oft eine natürliche Geduld mit, die es ihnen erlaubt, auch in schwierigen und stressigen Situationen ruhig zu bleiben. Sie haben eine hohe Toleranz für langfristige Projekte und können durchhalten, auch wenn der Weg zum Ziel langwierig und herausfordernd ist. Da Introvertierte in der Regel nicht sofort auf äußere Reize reagieren und ihre Gedanken zuerst reflektieren, können sie in stressigen Momenten gelassen bleiben und sich selbst gut regulieren. Diese innere Ruhe ermöglicht es ihnen, klar zu denken und Aufgaben auch unter Druck strukturiert zu bewältigen.

In Berufen, die eine hohe Belastbarkeit und Stressbewältigung erfordern, wie beispielsweise im Gesundheitswesen, im Projektmanagement oder in der Verwaltung, sind diese Qualitäten besonders wertvoll. Introvertierte bewahren oft einen kühlen Kopf und lassen sich nicht so leicht aus der Ruhe bringen, was sie in hektischen Umgebungen zu verlässlichen Stützen macht. Diese Fähigkeit, Stress mit Geduld und Gelassenheit zu begegnen, hilft ihnen, schwierige Herausforderungen erfolgreich zu meistern und auch in turbulenten Zeiten als ruhige Anker für ihre Kolleg:innen zu fungieren.

Da Introvertierte oft die Möglichkeit bevorzugen, ihre Gedanken gründlich zu durchdenken, bevor sie sie äußern, besitzen sie oft eine präzise und klare Ausdrucksweise. Sie nehmen sich Zeit, um ihre Worte sorgfältig zu wählen, und drücken sich häufig schriftlich besonders gut aus. Viele Introvertierte schätzen die schriftliche Kommunikation, weil sie ihnen die Möglichkeit gibt, ihre Gedanken in Ruhe zu formulieren und Missverständnisse zu vermeiden. Durch ihre Sorgfalt und Geduld gelingt es ihnen oft, komplexe Sachverhalte präzise und verständlich darzustellen.

In Berufen, die schriftliche Kommunikation erfordern, wie etwa Journalismus, Marketing, Wissenschaft oder Öffentlichkeitsarbeit, ist diese Stärke von unschätzbarem Wert. Introvertierte können Texte und Dokumente erstellen, die durchdacht und klar strukturiert sind, was in vielen beruflichen Kontexten eine wichtige Fähigkeit darstellt. Diese Präzision hilft ihnen auch bei der Erstellung von Berichten, Präsentationen und Analysen, die von anderen oft als strukturiert und gut durchdacht wahrgenommen werden.

Introvertierte Stärken bereichern das Arbeitsleben auf vielfältige Weise, auch wenn diese Eigenschaften oft weniger auffällig sind als extrovertierte Qualitäten. Ihre Fähigkeiten zur tiefen Analyse, zur empathischen Kommunikation, zur kreativen Problemlösung und zur fokussierten Arbeitsweise machen sie zu wertvollen Teammitgliedern und zuverlässigen Kolleg:innen. Die leisen Stärken der Introvertierten tragen dazu bei, ein ausgewogenes, durchdachtes und stabiles Arbeitsumfeld zu schaffen, das von Geduld, Integrität und sorgfältiger Arbeit geprägt ist.

Diese Eigenschaften sind nicht nur im Beruf, sondern auch für das persönliche Wohlbefinden von Bedeutung. Introvertierte, die ihre Stärken erkennen und bewusst einsetzen, schaffen sich eine Umgebung, in der sie sich nicht nur als Leistungsträger:innen, sondern auch als Individuen wertgeschätzt fühlen. Ihre Fähigkeit, tief zu denken und sensibel auf andere einzugehen, macht sie zu wertvollen Menschen im Berufsleben, deren Stärken oft erst bei genauerem Hinsehen ihre volle Wirkung entfalten.

Kapitel 2: Herausforderungen extrovertierter Arbeitsumgebungen

In der heutigen Arbeitswelt sind viele Unternehmen so gestaltet, dass sie extrovertierte Eigenschaften fördern: offene Bürolandschaften, regelmäßige Meetings, dynamische Teamarbeit und soziale Events. Für extrovertierte Menschen sind diese Bedingungen oft belebend und anregend – sie schöpfen Energie aus dem ständigen Austausch und den vielen Interaktionen, die das Berufsleben ihnen bietet. Doch für introvertierte Menschen kann eine solche Umgebung schnell zur Herausforderung werden, da sie ganz anders auf Reize und soziale Kontakte reagieren. Die Anforderungen einer extrovertierten Arbeitsumgebung können für sie oft belastend sein, da diese wenig Rücksicht auf das Bedürfnis nach Ruhe, Konzentration und Rückzug nimmt, das introvertierte Menschen zur Erholung und Fokussierung benötigen.

Typische Merkmale lauter Berufe und extrovertierter Arbeitsstrukturen

Lautere Berufe und extrovertierte Arbeitsstrukturen sind durch Merkmale geprägt, die eine hohe soziale Interaktion, kontinuierliche Kommunikation und eine starke Außenorientierung fördern. Diese Strukturen sind auf schnellen Austausch und spontane Zusammenarbeit ausgelegt, was für extrovertierte Menschen oft motivierend und anregend wirkt. Für introvertierte Menschen jedoch, die Ruhe und Rückzug benötigen, um ihre Energie zu regenerieren, können diese Arbeitsumgebungen eine Herausforderung darstellen.

Ständige Erreichbarkeit und schnelle Kommunikation

In extrovertierten Arbeitsumfeldern wird oft erwartet, dass Mitarbeitende jederzeit erreichbar und bereit für spontane Interaktionen sind. Berufsfelder wie Vertrieb, Kundenservice oder Projektmanagement setzen voraus, dass Mitarbeitende schnell auf Anfragen reagieren – sei es durch E-Mails, Telefonate oder Sofortnachrichten. Die Kultur der ständigen Erreichbarkeit schafft ein Umfeld, in dem kurze Reaktionszeiten und schnelle Antworten geschätzt werden. Extrovertierte empfinden diese Dynamik oft als anregend und fühlen sich durch die schnelle Kommunikation beflügelt. Introvertierte hingegen können diesen ständigen Kommunikationsdruck als anstrengend erleben, da sie mehr Zeit für Reflexion und ungestörte Arbeitsphasen benötigen.

Großraumbüros und offene Arbeitsbereiche

Großraumbüros sind ein klassisches Merkmal extrovertierter Arbeitsumgebungen und fördern den kontinuierlichen Austausch zwischen Mitarbeitenden.

Diese Büros sind so gestaltet, dass es keine festen Wände oder Türen zwischen den Arbeitsbereichen gibt, sodass Kolleg:innen jederzeit im direkten Kontakt stehen und Fragen spontan besprechen können. Während Extrovertierte diese offene Struktur oft genießen, da sie durch die Interaktion angeregt werden, erleben Introvertierte diese Arbeitsweise als ermüdend. Der Mangel an Privatsphäre und der hohe Geräuschpegel erschweren es ihnen, konzentriert zu arbeiten und regelmäßig Pausen zu nehmen. Für Introvertierte, die auf eine ruhige Umgebung angewiesen sind, um produktiv zu bleiben, stellt das Großraumbüro daher eine dauerhafte Herausforderung dar.

Häufige Meetings und gemeinschaftliche Brainstorming-Sitzungen

In extrovertierten Arbeitsstrukturen wird auf regelmäßige Meetings und gemeinsame Brainstorming-Sitzungen großer Wert gelegt, um Ideen und Meinungen schnell auszutauschen. Extrovertierte fühlen sich in diesen kollaborativen Settings oft wohl und angeregt, da sie durch den Austausch neue Impulse gewinnen. Für introvertierte Menschen jedoch können diese häufigen Meetings und Diskussionsrunden belastend sein, da sie lieber erst in Ruhe über ihre Ideen nachdenken und sich auf ein Thema fokussieren möchten, bevor sie ihre Gedanken teilen. Die Erwartung, jederzeit aktiv am

Gespräch teilzunehmen und sofort Ideen zu äußern, kann für Introvertierte schnell überfordernd wirken, da sie tendenziell zurückhaltender sind und sich gründlich auf Gespräche vorbereiten möchten.

Hohes Maß an sozialem Austausch und Networking

In extrovertierten Berufen wie Marketing, Vertrieb, Public Relations und Eventmanagement ist der soziale Austausch ein zentrales Element. Hier wird von Mitarbeitenden erwartet, dass sie regelmäßig an Networking-Events, Messen und Unternehmensveranstaltungen teilnehmen, um das Unternehmen zu repräsentieren und Kontakte zu pflegen. Extrovertierte Menschen schätzen diese Gelegenheiten, da sie gerne mit anderen Menschen in Kontakt treten und soziale Netzwerke aufbauen. Für Introvertierte hingegen sind solche Events oft belastend, da sie viel Energie kosten und ihnen wenig Raum für Ruhe bieten. Der Druck, an solchen Veranstaltungen teilzunehmen, kann für introvertierte Menschen schnell zu Stress und Ermüdung führen, da ihre Energiequellen eher in stillen Momenten und persönlicher Reflexion liegen.

Spontane Interaktionen und informelle Gespräche

In extrovertierten Arbeitsumfeldern wird spontane Kommunikation gefördert. Mitarbeitende halten oft informelle Gespräche zwischen den Arbeitsaufgaben, um Ideen auszutauschen oder neue Projekte anzustoßen. Während Extrovertierte solche ungeplanten Interaktionen als dynamisch und belebend empfinden, erleben Introvertierte sie oft als störend. Die häufigen, unvorhersehbaren Gespräche und der Druck, sich jederzeit in eine Diskussion einbringen zu können, können für Introvertierte eine Herausforderung darstellen, da sie ihre Gedanken lieber in Ruhe sortieren und vorbereitet in Gespräche gehen möchten.

Der Druck zur Teilnahme an sozialen Aktivitäten und Team-Events

In vielen extrovertierten Arbeitsstrukturen wird von Mitarbeitenden erwartet, dass sie auch außerhalb der Arbeitszeiten an sozialen Aktivitäten teilnehmen, wie etwa Team-Events, Feierabend-Drinks oder Betriebsausflügen. Solche Veranstaltungen sind für Extrovertierte eine willkommene Gelegenheit, sich auszutauschen und Beziehungen zu Kolleg:innen zu pflegen. Für Introvertierte jedoch sind diese Events oft mit zusätzlichem Druck verbunden. Sie bevorzugen es, ihre Freizeit mit ruhigeren Aktivitäten zu verbringen und sich zu regenerieren. Die sozialen Erwartungen, regelmäßig an solchen Veranstaltungen teilzunehmen, können bei Introvertierten ein Gefühl der Überforderung hervorrufen, da sie sich gezwungen fühlen, ihre eigenen Bedürfnisse hintanzustellen, um den sozialen Normen der Arbeitsumgebung zu entsprechen.

Schnelle Entscheidungsfindung und sofortiges Feedback

In extrovertierten Arbeitsumgebungen ist oft eine schnelle Entscheidungsfindung gefragt. Es wird erwartet, dass Mitarbeitende sofort Feedback geben und Entscheidungen ohne lange Überlegung treffen. Dies entspricht der Arbeitsweise vieler extrovertierter Menschen, die gerne direkt und spontan reagieren. Für Introvertierte hingegen stellt dies eine große Herausforderung dar, da sie es bevorzugen, Entscheidungen gründlich zu durchdenken und ihre Handlungen abzuwägen. Die Kultur der schnellen Entscheidungsfindung kann Introvertierte unter Druck setzen und ihnen das Gefühl geben, ihre natürliche Arbeitsweise zurückstellen zu müssen, um den Erwartungen zu entsprechen.

Multitasking und hohe Anpassungsfähigkeit

Extrovertierte Arbeitsumgebungen sind oft von einer Kultur des Multitaskings geprägt. Mitarbeitende sollen flexibel auf verschiedene Aufgaben reagieren und zwischen unterschiedlichen Projekten wechseln können. Extrovertierte Menschen empfinden diesen Arbeitsstil oft als anregend, da er Abwechslung und neue Herausforderungen bietet. Introvertierte hingegen bevorzugen es meist, sich auf eine Aufgabe zu konzentrieren und diese gründlich und strukturiert zu erledigen, bevor sie zum nächsten Punkt übergehen. Die Anforderung, mehrere Aufgaben gleichzeitig zu bewältigen, kann für introvertierte Menschen überfordernd sein, da sie ihre Energie am besten einsetzen können, wenn sie eine Sache in Ruhe abschließen dürfen.

Die Herausforderungen extrovertierter Arbeitsstrukturen für Introvertierte

Insgesamt fördern extrovertierte Arbeitsstrukturen eine Kultur der Offenheit, schnellen Kommunikation und kontinuierlichen Zusammenarbeit, die für Extrovertierte anregend und produktiv ist. Für Introvertierte jedoch kann dieser Arbeitsstil eine Belastung darstellen, da er wenig Raum für Rückzug und Konzentration lässt. Die Anforderungen an ständige Erreichbarkeit, die Vielzahl an sozialen Interaktionen und der Mangel an ruhigen Arbeitsbereichen erschweren es Introvertierten, ihre Stärken in einem solchen Umfeld voll auszuschöpfen.

Introvertierte benötigen bewusst gestaltete Pausen und eine Umgebung, die ihren natürlichen Bedürfnissen entspricht, um ihre Potenziale zu entfalten. Durch klare Abgrenzungen, das Einfordern von Rückzugsmöglichkeiten und das Priorisieren von Selbstfürsorge können Introvertierte lernen, auch in extrovertierten Arbeitsstrukturen Wege zu finden, die ihre Energie und Produktivität erhalten.

Soziale und emotionale Auswirkungen auf Introvertierte in lauten Berufen

Introvertierte Menschen bringen oft leise, aber wertvolle Stärken in den Beruf ein – wie tiefgehende Reflexion, Empathie und eine hohe Konzentrationsfähigkeit. Doch in lauten, extrovertierten Arbeitsumfeldern, die ständige soziale Interaktion und hohe Anpassungsfähigkeit verlangen, können diese Eigenschaften unter Druck geraten. Lautere Berufe, die stark auf schnellen Austausch, offene Kommunikation und hohe Reizdichte setzen, stellen für Introvertierte eine besondere Herausforderung dar, da sie ihre Energie und ihr Wohlbefinden stark beeinflussen können. Solche Berufe haben oft spezifische soziale und emotionale Auswirkungen, die sich negativ auf die mentale Gesundheit und die Arbeitszufriedenheit von Introvertierten auswirken können.

Soziale Erschöpfung und Rückzugsbedürfnis

Ein zentrales Merkmal introvertierter Persönlichkeiten ist das Bedürfnis nach Ruhe und Zeit für sich selbst, um ihre Energiereserven wieder aufzufüllen. In Berufen, die ständige soziale Interaktion erfordern – wie Kundendienst, Verkauf, Eventmanagement oder Öffentlichkeitsarbeit –, kann dieses Bedürfnis oft nicht erfüllt werden. Die regelmäßigen Gespräche,

Meetings und ungeplanten Interaktionen kosten Introvertierte viel Energie und können schnell zu einem Zustand der sozialen Erschöpfung führen. Während Extrovertierte in sozialen Interaktionen aufblühen, fühlen sich Introvertierte nach intensiven sozialen Phasen oft ausgelaugt und überwältigt.

Das Fehlen von Möglichkeiten, sich zurückzuziehen und in Ruhe aufzutanken, führt bei vielen Introvertierten dazu, dass sie nach einem Arbeitstag erschöpft sind und kaum noch Energie für private Aktivitäten haben. Die dauerhafte soziale Erschöpfung kann das Bedürfnis nach Alleinsein verstärken und dazu führen, dass sich Introvertierte zunehmend isoliert fühlen, da sie nach der Arbeit keine Energie mehr für soziale Kontakte oder persönliche Projekte haben. Dieses Ungleichgewicht zwischen sozialen Erwartungen und individuellem Bedürfnis nach Rückzug kann langfristig zu einer mentalen Belastung werden, die sowohl das berufliche als auch das private Leben negativ beeinflusst.

Gefühl der Überforderung durch Reizüberflutung

In lauten Berufen und extrovertierten Arbeitsumgebungen sind Introvertierte oft einer hohen sensorischen und sozialen Reizdichte ausgesetzt. Das ständige Rauschen von Gesprächen,

Telefonklingeln, Menschen, die im Großraumbüro hin- und hergehen, und andere Umgebungsgeräusche erzeugen eine Flut an Reizen, die das Gehirn ständig verarbeiten muss. Da Introvertierte oft eine erhöhte Sensibilität gegenüber sensorischen Eindrücken haben, erleben sie diese Reizdichte intensiver und haben Schwierigkeiten, sich auf ihre Aufgaben zu konzentrieren.

Diese Überstimulation führt zu einer Art „kognitiver Überlastung", die die Leistungsfähigkeit und das Wohlbefinden von Introvertierten stark beeinträchtigen kann. Das Gefühl, die Flut an Reizen nicht mehr verarbeiten zu können, erzeugt nicht nur mentalen Stress, sondern kann auch physische Symptome wie Kopfschmerzen, Erschöpfung und innere Unruhe hervorrufen. Da Introvertierte in ruhigen Umgebungen am besten arbeiten und sich konzentrieren können, führt diese konstante Reizüberflutung oft zu einem Gefühl der Überforderung und dem Wunsch nach Ruhe, die im Arbeitsalltag jedoch schwer zu finden ist.

Angst vor sozialen Erwartungen und dem ständigen Vergleich

In lauten Berufen, in denen extrovertierte Qualitäten wie Präsenz, Teamarbeit und schnelle Reaktion besonders wertgeschätzt werden, erleben viele Introvertierte einen erhöhten sozialen Druck. Der implizite oder explizite Vergleich mit extrovertierten Kolleg:innen kann dazu führen, dass Introvertierte das Gefühl haben, nicht genug zu leisten oder sich nicht genug einzubringen. Die Erwartung, sich jederzeit aktiv in Gespräche und Gruppenprojekte einzubringen, widerspricht oft der natürlichen Neigung introvertierter Menschen, die ihre Gedanken lieber in Ruhe durchdenken, bevor sie sich äußern.

Diese soziale Erwartung erzeugt oft das Gefühl, ständig „mithalten" zu müssen, was introvertierte Menschen schnell überfordert und in eine Art Selbstzweifel führen kann. Viele Introvertierte berichten, dass sie sich in extrovertierten Umfeldern unsicher oder unzureichend fühlen, weil ihre Stärken nicht unmittelbar sichtbar sind. Der Druck, den eigenen Arbeitsstil den extrovertierten Anforderungen anzupassen, kann nicht nur die Arbeitszufriedenheit mindern, sondern auch zu emotionalem Stress und einem Gefühl der Unzulänglichkeit führen.

Innerer Rückzug und emotionale Distanzierung

Um sich vor der ständigen sozialen und sensorischen Überstimulation zu schützen, neigen viele Introvertierte dazu, sich innerlich zurückzuziehen und eine emotionale Distanz aufzubauen. Dieser innere Rückzug dient als Selbstschutzmechanismus, um sich vor der Überforderung zu bewahren.

Introvertierte versuchen oft, sich in ihre innere Gedankenwelt zurückzuziehen, wenn die äußeren Reize zu intensiv werden oder die soziale Interaktion zu anstrengend ist. Obwohl dieser Rückzug kurzfristig helfen kann, sich innerlich zu schützen, führt er langfristig zu einer zunehmenden Distanz gegenüber Kolleg:innen und dem Arbeitsumfeld.

Durch diese emotionale Distanzierung kann es Introvertierten schwerfallen, sich wirklich mit ihrem Beruf und den Menschen um sie herum zu verbinden, was zu einem Gefühl der Isolation und Entfremdung führen kann. Viele Introvertierte erleben in lauten Berufen das Gefühl, „nur zu funktionieren", ohne wirklich Teil des Teams oder der Unternehmenskultur zu sein. Dieses Fehlen einer emotionalen Bindung zum Beruf und zu den Kolleg:innen kann langfristig zu Unzufriedenheit, Demotivation und einem Rückgang der Arbeitsleistung führen.

Negative Auswirkungen auf das Selbstwertgefühl

Die ständigen sozialen Erwartungen und der Vergleich mit extrovertierten Kolleg:innen können auch das Selbstwertgefühl introvertierter Menschen beeinträchtigen. In lauten Berufen, in denen extrovertierte Eigenschaften als besonders wertvoll angesehen werden, kann es schnell passieren, dass Introvertierte ihre eigenen Stärken und Qualitäten weniger wertschätzen. Da sie eher im Hintergrund arbeiten und keine laute Präsenz zeigen, fühlen sie sich oft weniger sichtbar und fürchten, dass ihre Beiträge weniger geschätzt werden.

Diese Unsichtbarkeit kann das Selbstwertgefühl untergraben und zu einem Gefühl führen, nicht gut genug zu sein oder den Anforderungen des Berufs nicht zu entsprechen. Introvertierte können das Gefühl entwickeln, dass ihre leisen, aber wertvollen Qualitäten – wie die Fähigkeit zur Reflexion, das Zuhören und die analytische Denkweise – nicht den gleichen Stellenwert haben wie die extrovertierten Eigenschaften, die in der Arbeitskultur stärker betont werden. Langfristig führt dies oft zu Unsicherheit und Selbstzweifeln, die nicht nur die berufliche Zufriedenheit mindern, sondern auch das allgemeine Wohlbefinden negativ beeinflussen.

Erhöhtes Risiko für Stress und Burnout

Introvertierte Menschen, die in lauten Berufen arbeiten, sind einem höheren Risiko für chronischen Stress und Burnout ausgesetzt. Die ständige soziale und sensorische Überstimulation ohne ausreichende Rückzugsmöglichkeiten führt dazu, dass das Nervensystem permanent im „Alarmmodus" bleibt. Da Introvertierte sich nur in ruhigen Momenten und in ihrer eigenen Gedankenwelt vollständig erholen können, wird das Bedürfnis nach Regeneration in lauten Berufen oft übergangen.

Langfristig führt dieser dauerhafte Stresszustand zu körperlicher und mentaler Erschöpfung, die das Risiko für Burnout erheblich erhöht. Viele Introvertierte berichten, dass sie in extrovertierten Berufen ständig „auf Reserve" arbeiten und sich selten wirklich erholt fühlen. Das Fehlen von Ruhephasen und der Druck, sich dauerhaft anzupassen, führt zu einem Zustand der emotionalen Erschöpfung, der langfristig die mentale Gesundheit gefährden kann.

Reduzierte Arbeitszufriedenheit und das Bedürfnis nach Veränderung

Die sozialen und emotionalen Auswirkungen lauter Berufe führen bei vielen Introvertierten zu einer reduzierten Arbeitszufriedenheit. Das Gefühl, sich ständig an eine extrovertierte Arbeitskultur anpassen zu müssen, ohne die eigenen Bedürfnisse ausreichend berücksichtigen zu können, führt häufig zu einer Entfremdung vom Beruf. Viele Introvertierte verspüren in solchen Umfeldern das Bedürfnis nach Veränderung und erwägen einen Berufswechsel oder eine Neuausrichtung ihrer Karriere, um eine Balance zwischen Beruf und persönlichem Wohlbefinden zu finden.

Die reduzierte Arbeitszufriedenheit kann auch dazu führen, dass sich Introvertierte zunehmend von ihrem Beruf distanzieren und weniger Engagement zeigen. Der innere Konflikt zwischen den Anforderungen des Arbeitsumfelds und den eigenen Bedürfnissen wird oft als Belastung empfunden, die langfristig die berufliche Motivation und das Gefühl der Erfüllung im Job mindert.

Ein bewusster Umgang mit den sozialen und emotionalen Herausforderungen

Lautere Berufe und extrovertierte Arbeitsumgebungen stellen für Introvertierte eine erhebliche Herausforderung dar, da sie oft ihre natürlichen Bedürfnisse unterdrücken müssen, um den sozialen und sensorischen Anforderungen gerecht zu werden. Diese Umgebungen haben nicht nur soziale und emotionale Auswirkungen, sondern können langfristig auch die mentale und körperliche Gesundheit gefährden. Ein bewusster Umgang mit diesen Herausforderungen ist für Introvertierte entscheidend, um ihre Energie und ihr Wohlbefinden zu schützen.

Introvertierte können lernen, bewusste Pausen einzulegen, klare Grenzen zu setzen und Strategien für die Selbstfürsorge zu entwickeln, um in lauten Berufen dennoch erfolgreich und zufrieden zu sein. Der offene Austausch mit Vorgesetzten und das Einfordern von Rückzugsräumen können helfen, eine Arbeitsumgebung zu schaffen, die sowohl introvertierte als auch extrovertierte Bedürfnisse berücksichtigt und die Vielfalt der Persönlichkeiten am Arbeitsplatz wertschätzt.

Sensorische Überforderung und deren psychologische Folgen

Sensorische Überforderung beschreibt den Zustand, in dem das Nervensystem eine hohe Menge an Sinnesreizen gleichzeitig verarbeiten muss, ohne ausreichend Pausen oder Ruhephasen zu bekommen. Menschen, insbesondere introvertierte Persönlichkeiten, erleben in extrovertierten oder lauten Arbeitsumgebungen häufig eine Form der sensorischen Überlastung. Ständige Geräusche, visuelle Reize, Bewegungen und soziale Interaktionen führen dazu, dass sich das Gehirn permanent mit der Verarbeitung dieser Eindrücke beschäftigt. Dieser Zustand der Überstimulation hat nicht nur direkte Auswirkungen auf die Konzentration und Produktivität, sondern zieht auch langfristige psychologische Folgen nach sich, die das allgemeine

Wohlbefinden und die mentale Gesundheit beeinflussen können.

Erhöhte Stressreaktionen und Daueranspannung

Eine dauerhafte sensorische Überlastung versetzt das Nervensystem in einen konstanten Zustand der Alarmbereitschaft. Das sympathische Nervensystem, das für die „Kampf-oder-Flucht"-Reaktion zuständig ist, wird aktiviert und setzt Stresshormone wie Adrenalin und Cortisol frei. Diese hormonelle Reaktion ist in akuten Stresssituationen hilfreich, doch bei anhaltender Überforderung bleibt der Körper in diesem angespannten Zustand, ohne ausreichend zur Ruhe zu kommen. Die Folge ist eine chronische Daueranspannung, die sich körperlich durch Muskelverspannungen, Kopfschmerzen und innere Unruhe äußern kann.

Psychologisch gesehen führt diese dauerhafte Anspannung dazu, dass das Nervensystem zunehmend empfindlich auf weitere Reize reagiert. Betroffene haben das Gefühl, dass selbst kleine Geräusche oder Lichtreize zu einer intensiven Reaktion führen, da das Nervensystem „überreizt" ist und die natürliche Fähigkeit zur Reizfilterung eingeschränkt wird. Diese ständige Stressreaktion kann langfristig zu Erschöpfung, Angstzuständen und einem Gefühl der inneren Getriebenheit führen.

Konzentrationsstörungen und mentale Erschöpfung

Eine der unmittelbarsten Auswirkungen sensorischer Überforderung ist die Beeinträchtigung der Konzentrationsfähigkeit. Da das Gehirn mit einer großen Menge an Reizen gleichzeitig umgehen muss, kann es sich schwer auf eine einzelne Aufgabe fokussieren. Menschen, die in einem Zustand der Überstimulation arbeiten, erleben häufig „Gedankensprünge" und haben Schwierigkeiten, ihre Aufmerksamkeit zu halten. Dies führt zu einer erhöhten Fehleranfälligkeit, was wiederum zusätzlichen Stress erzeugt und die mentale Belastung verstärkt.

Langfristig führt die kontinuierliche Reizüberlastung zu einer Art „mentalen Erschöpfung". Das Gehirn benötigt regelmäßige Pausen, um Eindrücke zu verarbeiten und sich zu regenerieren. Ohne diese Ruhephasen wird das kognitive System überlastet und die Fähigkeit zur klaren und strukturierten Gedankenführung beeinträchtigt. Menschen, die dauerhaft sensorischer Überlastung ausgesetzt sind, erleben häufig ein Gefühl der mentalen „Mattheit" und haben Schwierigkeiten, auch nach der Arbeit wieder zur Ruhe zu finden, was zu Schlafstörungen und verminderter Erholung führen kann.

Erhöhtes Risiko für Angstzustände und Reizbarkeit

Die psychologische Wirkung der sensorischen Überforderung zeigt sich oft in einer erhöhten

Anfälligkeit für Angstzustände und Reizbarkeit. Da das Nervensystem ständig auf „Alarm" geschaltet ist, entwickelt sich eine Art Grundanspannung, die den Körper dazu bringt, auf scheinbar harmlose Reize überzureagieren. Menschen in diesem Zustand haben das Gefühl, dass sie „nervös" oder „gereizt" sind, ohne einen direkten Auslöser zu erkennen. Die ständige Anspannung und das Gefühl, immer auf der Hut sein zu müssen, führen oft zu Überreaktionen und einer reduzierten Fähigkeit, gelassen auf Herausforderungen zu reagieren.

Diese latente Anspannung kann sich auch in Angstzuständen äußern, da das Gehirn durch die dauerhafte Überstimulation in eine Art „Dauerstressmodus" versetzt wird. Betroffene erleben plötzlich Angstgefühle oder eine erhöhte Reizbarkeit in sozialen Interaktionen und fühlen sich dabei oft unverstanden. Da das Nervensystem ständig in einem Zustand der Überforderung ist, können sich selbst alltägliche Situationen als stressig und unangenehm anfühlen, was das Selbstvertrauen und das allgemeine Wohlbefinden stark beeinträchtigt.

Rückzugstendenzen und soziale Isolation

Um der ständigen Reizüberflutung zu entgehen, entwickeln viele Menschen eine Art Schutzstrategie, indem sie sich zunehmend von sozialen und sensorisch intensiven Umgebungen zurückziehen. Sie vermeiden laute Arbeitsumgebungen, soziale Events oder Gruppendiskussionen, um sich selbst vor der sensorischen Überlastung zu schützen. Dieser Rückzug dient zunächst dem Selbstschutz und der Bewahrung des inneren Gleichgewichts, führt jedoch langfristig oft zu sozialer Isolation.

Die Isolation entsteht, weil Betroffene ihre Kontakte und Aktivitäten einschränken, um ihre Reizeinwirkung zu minimieren. Sie erleben das Bedürfnis nach Rückzug als zentrales Element ihrer Selbstfürsorge, sehen sich jedoch gleichzeitig mit einem Verlust sozialer Bindungen und einem Gefühl der Einsamkeit konfrontiert. Dieser Widerspruch zwischen dem Bedürfnis nach Ruhe und der Isolation kann das psychische Wohlbefinden nachhaltig belasten und das Risiko für Depressionen oder Antriebslosigkeit erhöhen.

Reduziertes Selbstwertgefühl und Selbstzweifel

Menschen, die regelmäßig sensorischer Überforderung ausgesetzt sind, können im beruflichen Umfeld schnell den Eindruck gewinnen, nicht den Anforderungen zu genügen. Das Gefühl, dass die hohe Reizdichte sie überfordert, führt bei vielen Betroffenen zu Selbstzweifeln und einem sinkenden Selbstwertgefühl. Da sie oft das Bedürfnis haben, sich zurückzuziehen oder „langsamer" zu arbeiten, empfinden sie ihre eigene Arbeitsweise als unzureichend im Vergleich zu extrovertierten Kolleg:innen, die sich in lauten und dynamischen Umgebungen wohler fühlen.

Die kontinuierliche Überforderung und das Gefühl, nicht „mithalten" zu können, verstärken das Empfinden, weniger belastbar oder kompetent zu sein. Die resultierenden Selbstzweifel können langfristig das Vertrauen in die eigenen Fähigkeiten und Kompetenzen untergraben, was sich negativ auf die Arbeitszufriedenheit und die berufliche Entwicklung auswirken kann.

Erhöhtes Risiko für Burnout und Erschöpfungsdepression

Eine dauerhafte sensorische Überlastung ohne ausreichende Rückzugsmöglichkeiten erhöht das Risiko für Burnout und Erschöpfungsdepression erheblich. Das ständige Gefühl der Überforderung und der innere Druck, den äußeren Anforderungen gerecht zu werden, setzen das Nervensystem unter ständigen Stress. Ohne regelmäßige Ruhephasen, in denen das Gehirn zur Entspannung und Erholung gelangen kann, entsteht ein Zustand der chronischen Erschöpfung.

Burnout zeigt sich zunächst in Form von Müdigkeit, Konzentrationsschwierigkeiten und emotionaler Distanz zum Beruf. Im fortgeschrittenen Stadium kommen Symptome wie Antriebslosigkeit, innerer Rückzug und eine tiefe Erschöpfung hinzu, die auch durch Schlaf und Freizeit kaum mehr auszugleichen ist. Menschen in einem Zustand der Erschöpfungsdepression haben das Gefühl, „ausgebrannt" zu sein, was das allgemeine Wohlbefinden und die Lebensqualität massiv beeinträchtigt und den beruflichen wie privaten Alltag erschwert.

Langfristige Auswirkungen auf das Wohlbefinden und die Lebensqualität

Sensorische Überforderung wirkt sich langfristig nicht nur auf die mentale Gesundheit, sondern auch auf das allgemeine Wohlbefinden und die Lebensqualität aus. Menschen, die chronisch überlastet sind, erleben oft einen Verlust an Freude und Zufriedenheit im Alltag. Das Nervensystem, das permanent im Alarmzustand bleibt, beeinflusst auch den Hormonhaushalt und das Immunsystem negativ. Häufige Erkrankungen, körperliche Erschöpfung und eine reduzierte Stressresistenz sind die Folge.

Betroffene berichten oft von einem Gefühl der inneren Leere und einem Verlust an Lebensfreude, da das permanente Gefühl der Überforderung ihre mentale und physische Gesundheit beeinträchtigt. Die Lebensqualität sinkt, da selbst schöne Erlebnisse weniger intensiv empfunden werden, weil die ständige Überlastung die Kapazität für positive Emotionen verringert.

Der bewusste Umgang mit sensorischer Überforderung

Sensorische Überforderung ist ein Zustand, der weitreichende psychologische Folgen haben kann und das Wohlbefinden nachhaltig beeinträchtigt. Ein bewusster Umgang mit sensorischen Reizen und die Implementierung von regelmäßigen Pausen und Rückzugsphasen sind essenziell, um das Nervensystem zu entlasten und das Risiko für chronische Erschöpfung und psychische Belastungen zu minimieren. Für Introvertierte ist es besonders wichtig, sich ihre eigenen Bedürfnisse nach Ruhe und Balance bewusst zu machen und Wege zu finden, sich selbst in lauten Umgebungen zu schützen.

Strategien wie das Schaffen ruhiger Rückzugsorte, das Einhalten fester Pausen und das Setzen klarer Grenzen für soziale Interaktionen können helfen, sensorische Überforderung zu reduzieren und das eigene Wohlbefinden zu stärken. Ein achtsamer Umgang mit der eigenen Reizempfindlichkeit ist nicht nur für die mentale Gesundheit wichtig, sondern ermöglicht auch, die eigenen Stärken besser zu nutzen und in einem stressigen Umfeld auf gesunde Weise erfolgreich zu sein.

Wie Introvertierte ihre Energie und ihr Wohlbefinden in lauten Arbeitsumfeldern schützen können

In lauten, extrovertierten Arbeitsumfeldern stehen Introvertierte vor der Herausforderung, ihre Energie zu bewahren und sich gegen eine permanente Reizüberflutung zu schützen. Der Schlüssel für Introvertierte liegt darin, sich ihrer eigenen Bedürfnisse bewusst zu sein und Strategien zu entwickeln, die ihnen helfen, ihre Ressourcen gezielt aufzuladen und sich vor mentaler und emotionaler Erschöpfung zu schützen. Mit ein paar grundlegenden, bewussten Maßnahmen können sie lernen, auch in lauten Umgebungen ihre Stärken zu bewahren und sich gleichzeitig gut um ihr eigenes Wohlbefinden zu kümmern.

Pausen und Rückzugsräume einplanen

Für Introvertierte ist es besonders wichtig, während des Arbeitstags regelmäßige Pausen einzulegen und sich kurze Momente des Rückzugs zu gönnen. Diese Pausen müssen nicht lang sein – selbst ein paar Minuten Ruhe können helfen, das Nervensystem zu entlasten und die inneren Akkus wieder aufzuladen. Wenn möglich, sollten Introvertierte sich in Pausen in ruhige, abgeschirmte Bereiche zurückziehen, sei es ein ruhiger Pausenraum, eine stille Ecke oder sogar eine kurze Auszeit im Freien. Das bewusste Schaffen solcher Rückzugsräume gibt dem Gehirn die Möglichkeit, Reize zu verarbeiten und sich zu regenerieren.

Die Gestaltung dieser Pausenzeit ist ebenfalls wichtig: Einige Introvertierte nutzen diese Zeit für eine kleine Meditation, Atemübungen oder achtsame Stille, um ihren Geist zu beruhigen und ihre Gedanken zu ordnen. Andere bevorzugen einen kurzen Spaziergang im Freien, der eine zusätzliche Möglichkeit zur Entspannung und Reizverarbeitung bietet. Diese regelmäßigen Pausen helfen, dem Gehirn zwischen den intensiven Phasen der Arbeit eine „Auszeit" zu geben und schaffen Raum für Erholung und mentale Klarheit.

Grenzen setzen und klare Kommunikationszeiten schaffen

In extrovertierten Arbeitsumgebungen ist es oft eine Herausforderung, sich vor ständiger Erreichbarkeit und spontanen Anfragen zu schützen. Introvertierte können jedoch lernen, Grenzen zu setzen, um ihre Energie zu schonen. Dies kann zum Beispiel durch das Festlegen von festen „Kommunikationszeiten" geschehen, während derer sie für Fragen und Besprechungen zur Verfügung stehen, und Zeiten, in denen sie ungestört arbeiten. Eine klare Kommunikation mit Kolleg:innen und Vorgesetzten über diese Zeiten kann helfen, unnötige

Unterbrechungen zu reduzieren und konzentrierte Arbeitsphasen zu schaffen.

Die Kunst des „Nein-Sagens" ist dabei ein wichtiger Bestandteil: Introvertierte sollten lernen, höflich, aber bestimmt zu sagen, wenn sie nicht sofort verfügbar sind oder eine zusätzliche Aufgabe nicht sofort übernehmen können. Diese Selbstbehauptung kann zu Beginn ungewohnt sein, ist jedoch essenziell, um langfristig eine Balance zu schaffen und die eigenen Ressourcen gezielt zu schützen. Indem sie Grenzen setzen und diese respektvoll kommunizieren, zeigen Introvertierte, dass ihre Bedürfnisse genauso wertvoll sind wie die der extrovertierten Kolleg:innen.

Aufgaben und Arbeitstage strukturiert gestalten

Introvertierte Menschen schätzen eine klare Struktur und wissen es zu schätzen, wenn sie sich in einen Arbeitsrhythmus vertiefen können, der zu ihrer Art des Arbeitens passt. Daher kann es hilfreich sein, Aufgaben und Arbeitstage so zu strukturieren, dass anspruchsvolle oder soziale Tätigkeiten mit ruhigeren, konzentrierten Phasen abgewechselt werden. Das bedeutet zum Beispiel, wichtige Meetings in die erste Hälfte des Tages zu legen und ruhigere Aufgaben, die Konzentration und tiefes Denken erfordern, für den Nachmittag einzuplanen.

Das bewusste Einteilen des Tages nach Energielevel kann helfen, den Anforderungen des Tages Schritt für

Schritt gerecht zu werden und Überforderung zu vermeiden. Das Prinzip der „täglichen Prioritäten" unterstützt Introvertierte dabei, sich zuerst auf die wichtigsten Aufgaben zu konzentrieren, sodass sie am Ende des Tages weniger das Gefühl haben, ihre Energie für unzählige kleinere Aufgaben verbraucht zu haben. Die Planung regelmäßiger „Erholungsinseln" im Arbeitsalltag schafft ein Gefühl der Stabilität und Selbstbestimmung und erleichtert es, die eigene Energie gezielt zu erhalten.

Wichtige Aufgaben vor Meetings oder sozialen Interaktionen erledigen

Introvertierte Menschen profitieren oft davon, wichtige Aufgaben oder Projekte vor sozial intensiven Interaktionen zu erledigen. Da Meetings und Gruppenbesprechungen ihre Energie schnell aufbrauchen können, ist es sinnvoll, energieintensive Aufgaben zuerst anzugehen, bevor sie sich auf Besprechungen oder soziale Aktivitäten einlassen. Diese Priorisierung gibt Introvertierten das Gefühl, bereits Fortschritte gemacht zu haben und ihre Energie gezielt in die wichtigsten Projekte zu investieren, bevor sie in Interaktionen gehen, die sie auslaugen können.

Für Introvertierte kann es außerdem hilfreich sein, sich auf Meetings vorzubereiten, indem sie ihre Gedanken und Ideen vorab schriftlich festhalten. Dies erleichtert es ihnen, sich im Gespräch besser zu äußern und ihre Beiträge klar und strukturiert zu formulieren, ohne das Gefühl der Überforderung zu erleben. Ein solches Vorgehen erlaubt es ihnen, sich in Besprechungen und Gruppenarbeiten sicherer zu fühlen und ihre eigenen Bedürfnisse zu respektieren.

Bewusster Umgang mit sensorischen Reizen

Da Introvertierte besonders sensibel auf sensorische Reize reagieren, kann es sinnvoll sein, den eigenen Arbeitsplatz möglichst reizarm zu gestalten. Das bedeutet, den Arbeitsplatz so zu organisieren, dass er eine beruhigende und unterstützende Umgebung darstellt – zum Beispiel durch das Verwenden von Kopfhörern mit ruhiger Musik oder weißem Rauschen, um Umgebungsgeräusche auszublenden. Auch das Anbringen persönlicher Gegenstände oder Pflanzen kann helfen, eine kleine „Oase" der Ruhe zu schaffen, die den Geist entspannt.

Zudem kann es helfen, sensorische Reize aktiv zu reduzieren, zum Beispiel durch das Verwenden von Augenschutz oder Entspannungstechniken, wenn der Bildschirm die Augen ermüdet, oder durch kurze Dehnübungen, um Verspannungen durch ständiges Sitzen zu vermeiden. Ein bewusster Umgang mit den Reizen und das Schaffen einer persönlichen Wohlfühlatmosphäre ermöglichen es Introvertierten, das Gefühl der Überstimulation zu minimieren und sich auch in lebendigen Arbeitsumgebungen eine eigene Zone der Ruhe zu schaffen.

Strategien zur schnellen mentalen Regeneration

Für Introvertierte, die in lauten Umfeldern arbeiten, ist die Fähigkeit zur schnellen mentalen Regeneration entscheidend. Dazu gehört das Erlernen einfacher Entspannungstechniken, wie Atemübungen oder Achtsamkeitsmeditationen, die helfen, das Nervensystem in kurzer Zeit zu beruhigen. Eine einfache Methode ist die „4-7-8-Atemtechnik", bei der man vier Sekunden lang einatmet, den Atem sieben Sekunden hält und acht Sekunden lang ausatmet. Diese Atemübung beruhigt den Geist und kann in wenigen Minuten ein Gefühl der Entspannung erzeugen.

Ein weiterer wichtiger Aspekt der mentalen Regeneration ist die bewusste Ausrichtung der Gedanken. Viele Introvertierte neigen dazu, Reize und Erlebnisse tief zu analysieren, was bei hoher Reizdichte schnell zu „Gedankenschleifen" führen kann. Hier können Techniken wie das Notieren von Gedanken oder das Führen eines Tagebuchs hilfreich sein, um Erlebnisse zu verarbeiten und den Kopf freizubekommen. Diese Strategien helfen, die mentale Belastung zu reduzieren und schaffen Raum für neue Energie.

Selbstakzeptanz und bewusster Umgang mit den eigenen Bedürfnissen

Introvertierte Menschen neigen dazu, ihre eigenen Bedürfnisse zu unterdrücken, um sich den Anforderungen extrovertierter Umgebungen anzupassen. Ein wichtiger Schritt zur Erhaltung von Energie und Wohlbefinden ist daher die bewusste Selbstakzeptanz. Zu lernen, die eigenen introvertierten Stärken und Bedürfnisse wertzuschätzen und diese offen zu kommunizieren, kann den Druck reduzieren, sich in eine Rolle zu zwängen, die nicht zu einem passt.

Introvertierte sollten sich daran erinnern, dass ihre leisen Stärken wie tiefgehende Reflexion, Zuverlässigkeit und Empathie genauso wertvoll sind wie extrovertierte Qualitäten. Ein bewusster Umgang mit diesen Stärken ermöglicht es ihnen, Selbstvertrauen zu entwickeln und sich in extrovertierten Umfeldern auf authentische Weise einzubringen. Der bewusste Rückzug, das Akzeptieren des eigenen Arbeitsstils und das Einfordern von Zeit für sich selbst tragen zur mentalen Stabilität und zum persönlichen Wohlbefinden bei.

Ein bewusster Umgang mit den Herausforderungen der extrovertierten Arbeitswelt

Introvertierte, die in extrovertierten Umfeldern arbeiten, können mit gezielten Maßnahmen lernen, ihre Energie zu schützen und sich ein Arbeitsumfeld zu schaffen, das ihre Bedürfnisse respektiert. Regelmäßige Pausen, klare Grenzen, die Nutzung von Entspannungstechniken und das Schaffen reizreduzierter Arbeitsbereiche helfen, die Herausforderungen der extrovertierten Arbeitswelt zu meistern und die eigene mentale und emotionale Gesundheit zu wahren.

Durch die bewusste Selbstakzeptanz und das Einfordern ihrer Bedürfnisse können Introvertierte ihre leisen Stärken zur Geltung bringen und gleichzeitig ihre Resilienz stärken. Auf diese Weise gelingt es ihnen, sich in einem lauten Berufsfeld auf ihre ganz persönliche Weise wohlzufühlen und ihre Arbeit auf gesunde, energieerhaltende Weise zu gestalten.

Kapitel 3: Selbstakzeptanz und innere Stärke entwickeln

Selbstakzeptanz ist für Introvertierte ein kraftvoller Schritt, um ihre einzigartige Persönlichkeit zu erkennen und sich unabhängig von den extrovertierten Erwartungen der Gesellschaft zu entfalten. In einer Welt, die oft schnelle Antworten, laute Stimmen und sichtbare Aktivität bevorzugt, fällt es introvertierten Menschen leicht, sich zurückzuhalten und ihre Stärken weniger sichtbar zu machen. Doch gerade in diesen „leisen" Eigenschaften liegen tiefgründige Werte, die einen wesentlichen Beitrag zum privaten und beruflichen Umfeld leisten. Selbstakzeptanz und die bewusste Entwicklung innerer Stärke ermöglichen es Introvertierten, authentisch zu leben und sich selbst als wertvoll und ausreichend zu erkennen.

Den eigenen Wert als Introvertierte*r anerkennen

Introvertierte Menschen verfügen über eine Vielzahl an Fähigkeiten, die sie zu wertvollen Freund:innen, Partner:innen und Kolleg:innen machen. Ihre Stärken liegen oft in der Fähigkeit zur Selbstreflexion, Empathie und konzentrierten Beobachtung. Sie nehmen Details wahr, die anderen entgehen, und neigen dazu, durchdachte, langfristige

Entscheidungen zu treffen. Doch weil diese Stärken weniger sichtbar sind und nicht sofort auffallen, neigen Introvertierte oft dazu, sich selbst zu unterschätzen oder ihren Wert im Vergleich zu extrovertierten Qualitäten geringer einzuschätzen.

Sich diesen Wert bewusst zu machen, bedeutet, sich selbst und die eigenen Fähigkeiten in einem wohlwollenden Licht zu sehen. Dazu gehört, sich von gesellschaftlichen Vorstellungen zu lösen, die lautere, extrovertierte Eigenschaften hervorheben, und stattdessen den eigenen Wert in der Tiefe zu erkennen. Es kann hilfreich sein, die eigenen Stärken und Qualitäten regelmäßig schriftlich festzuhalten. Ein Tagebuch oder eine Liste, auf der täglich kleine Erfolge und positive Rückmeldungen notiert werden, hilft, das Selbstvertrauen und die Selbstwertschätzung aufzubauen. Dies können Momente sein, in denen man durch Zuhören ein wertvolles Gespräch geführt hat, eine herausfordernde Aufgabe durchdacht gelöst oder sich bewusst Zeit für sich selbst genommen hat.

Das Bewusstsein für den eigenen Wert ist ein erster, zentraler Schritt zur Selbstakzeptanz. Diese Haltung ermöglicht es Introvertierten, ihre leisen Stärken nicht nur anzuerkennen, sondern auch selbstbewusst als wertvollen Teil ihrer Persönlichkeit zu sehen und zu schätzen.

Strategien für mehr Selbstbewusstsein und Selbstakzeptanz

Selbstbewusstsein und Selbstakzeptanz gehen Hand in Hand und entwickeln sich, wenn Introvertierte beginnen, ihre Bedürfnisse ernst zu nehmen und sich unabhängig von extrovertierten Normen zu entfalten. Eine hilfreiche Strategie ist es, die eigenen Werte und Prioritäten klar zu definieren. Was ist einem selbst wichtig? Welche Qualitäten möchte man in die Welt bringen? Diese Klarheit hilft, sich nicht von externen Erwartungen leiten zu lassen und den eigenen Weg zu gehen.

Eine zweite Strategie zur Stärkung des Selbstbewusstseins liegt im bewussten Setzen von Grenzen. Introvertierte haben oft ein ausgeprägtes Bedürfnis nach Ruhe und Rückzug, das jedoch in extrovertierten Umfeldern leicht vernachlässigt wird. Indem sie lernen, diese Bedürfnisse anzuerkennen und klare Grenzen zu setzen, stärken sie ihre Selbstakzeptanz und geben ihrer eigenen Persönlichkeit Raum. Das Setzen von Grenzen zeigt, dass die eigenen Bedürfnisse genauso wichtig sind wie die Erwartungen der Umgebung. Es stärkt das Selbstvertrauen, weil es den eigenen Handlungsspielraum schützt und die Möglichkeit gibt, die eigene Energie gezielt einzuteilen.

Der bewusste Umgang mit der eigenen Zeit spielt ebenfalls eine wichtige Rolle. Introvertierte gewinnen Energie und Klarheit durch ruhige, ungestörte Phasen der Selbstreflexion. Sei es durch Tagebuchschreiben, Meditation oder bewusste Pausen, diese regelmäßigen Momente der Ruhe und Reflexion unterstützen die Entwicklung innerer Stärke. Sie helfen, die Gedanken zu ordnen, sich der eigenen Bedürfnisse bewusst zu werden und das innere Gleichgewicht zu bewahren.

Positive Selbstwahrnehmung und wie sie das Selbstbild stärkt

Eine positive Selbstwahrnehmung ist entscheidend für die Entwicklung eines stabilen, gesunden Selbstbildes. Sie bedeutet, sich selbst wohlwollend zu betrachten und die eigenen Stärken und Erfolge bewusst anzuerkennen. Introvertierte neigen manchmal dazu, ihre Qualitäten herunterzuspielen oder sich im Vergleich zu extrovertierten Menschen als weniger leistungsfähig wahrzunehmen, obwohl sie wertvolle und tiefe Stärken besitzen.

Um die Selbstwahrnehmung positiv zu gestalten, ist es hilfreich, regelmäßig auf vergangene Erfolge zurückzublicken. Ein „Erfolgstagebuch" kann Introvertierten helfen, ihre kleinen und großen Erfolge festzuhalten – sei es ein konstruktives Gespräch, eine durchdachte Lösung für ein Problem oder das

Einhalten eigener Grenzen in einem sozialen Umfeld. Solche Erfolge schriftlich festzuhalten und regelmäßig darauf zurückzublicken, stärkt die Wahrnehmung des eigenen Wertes und fördert eine realistische, positive Selbstsicht.

Ein weiterer Aspekt der positiven Selbstwahrnehmung ist das achtsame Umformulieren negativer Gedanken. Selbstkritische Gedanken entstehen leicht in stressigen Situationen oder nach herausfordernden Interaktionen. Doch diese Gedanken können in eine wohlwollendere Perspektive umformuliert werden. Anstatt zu denken: „Ich hätte im Meeting mehr sagen sollen," könnte ein positiverer Gedanke lauten: „Ich habe aufmerksam zugehört und wichtige Informationen aufgenommen." Diese Form des positiven Selbstgesprächs lenkt die Wahrnehmung auf die eigenen Qualitäten und fördert ein gesundes, wertschätzendes Selbstbild.

Übungen zur Förderung des Selbstwertgefühls und zur Reduzierung negativer Selbstgespräche

Ein starkes Selbstwertgefühl und eine wohlwollende innere Haltung sind die Grundlage für ein authentisches Leben als Introvertierte:r. Eine Übung, die das Selbstwertgefühl fördert, ist das Führen eines Erfolgstagebuchs, in dem Introvertierte täglich oder wöchentlich festhalten, was gut gelaufen ist oder welche positiven Rückmeldungen sie erhalten haben. Solche Einträge fördern eine positive Sichtweise auf die eigenen Erfolge und geben einen stabilen Rahmen für die Selbstakzeptanz.

Positive Affirmationen sind eine weitere Methode, um das Selbstwertgefühl zu stärken. Affirmationen sind kurze, positive Sätze, die darauf abzielen, das eigene Denken in eine konstruktive Richtung zu lenken. Introvertierte können Affirmationen wie „Ich bin wertvoll und meine Art des Zuhörens und Reflektierens ist eine Stärke" nutzen, um sich selbst zu bestärken. Diese Affirmationen können regelmäßig wiederholt werden, um das Selbstwertgefühl zu stärken und das eigene Selbstbild in eine positive Richtung zu lenken.

Visualisierungen sind ebenfalls ein kraftvolles Werkzeug zur Stärkung des Selbstbewusstseins. Introvertierte können sich in einem inneren Bild vorstellen, wie sie selbstbewusst und authentisch in Situationen auftreten, die sie normalerweise als herausfordernd empfinden. Diese Visualisierungen helfen, das eigene Selbstbild zu festigen und das Vertrauen in die eigenen Fähigkeiten zu stärken. Das regelmäßige Üben solcher positiven Szenarien fördert das Gefühl von Stärke und innerer Sicherheit und macht es leichter, in anspruchsvollen Situationen ruhig und gelassen zu bleiben.

Dankbarkeit ist eine weitere einfache, aber effektive Übung zur Förderung des Selbstwertgefühls. Indem Introvertierte täglich drei Dinge notieren, für die sie dankbar sind – sei es ein wertschätzendes Gespräch, eine gelöste Aufgabe oder ein Moment der Ruhe –, entwickeln sie eine positive Einstellung und stärken ihr Gefühl der Zufriedenheit. Diese Übung fördert das Bewusstsein für positive Aspekte im Leben und lenkt die Aufmerksamkeit weg von Selbstkritik hin zu einem wohlwollenden Blick auf sich selbst und das Leben.

Selbstakzeptanz und innere Stärke für ein authentisches Leben

Selbstakzeptanz und innere Stärke sind für Introvertierte die Grundlage, um sich selbst authentisch und zufrieden in der Welt zu entfalten. Durch die bewusste Anerkennung des eigenen Wertes und das gezielte Entwickeln positiver Selbstwahrnehmung können Introvertierte lernen, sich selbst zu schätzen und ein stabiles Selbstbewusstsein aufzubauen. Die Entwicklung eines positiven Selbstbildes ermöglicht es ihnen, ihre Stärken zu leben, unabhängig von den extrovertierten Erwartungen ihres Umfelds.

Durch Übungen wie das Erfolgstagebuch, das regelmäßige Anwenden positiver Affirmationen und das Visualisieren von Selbstsicherheit stärken Introvertierte ihre innere Sicherheit und ihr Vertrauen in sich selbst. Dankbarkeit und die bewusste Umformulierung negativer Gedanken tragen dazu bei, ein gesundes Selbstwertgefühl zu fördern und ein wertschätzendes Selbstbild zu entwickeln. Auf diese Weise gelingt es ihnen, ihre leisen Stärken zu entfalten und ihre Einzigartigkeit als introvertierte Persönlichkeit in allen Bereichen des Lebens authentisch zu leben.

Kapitel 4: Psychologische Strategien zur Stressbewältigung

Stressbewältigung ist für Introvertierte besonders wichtig, da sie oft sensibler auf äußere Reize und soziale Interaktionen reagieren. Stress kann sich schnell auf das Wohlbefinden auswirken und die Fähigkeit zur Regeneration und Konzentration beeinträchtigen. Doch mit gezielten Strategien zur Stressbewältigung können Introvertierte lernen, ihre innere Balance zu wahren und sich in anspruchsvollen beruflichen Umfeldern zu behaupten. In diesem Kapitel geht es darum, grundlegende Konzepte zur Stressbewältigung zu verstehen, eigene Stressauslöser zu erkennen und Techniken wie Achtsamkeit und Meditation anzuwenden. Diese Strategien sollen dabei helfen, emotionale Stabilität und Resilienz zu fördern, um in einer oft hektischen Welt ausgeglichen und gelassen zu bleiben.

Grundlegende Konzepte zur Stressbewältigung für Introvertierte

Stress ist eine natürliche Reaktion auf Herausforderungen und kann bei Menschen unterschiedlich ausgelöst und wahrgenommen werden. Für Introvertierte ist die Stressbewältigung eine besondere Herausforderung, da sie durch soziale Interaktionen und sensorische Reize schneller überlastet sein können. Sie brauchen bewusste Methoden, um den äußeren Druck zu regulieren und eine gesunde Balance zwischen beruflichen Anforderungen und persönlicher Erholung zu finden. Ein zentraler Bestandteil effektiver Stressbewältigung für Introvertierte ist die Fähigkeit, sich gezielt Auszeiten zu nehmen, die helfen, das Nervensystem zu entlasten und innere Ruhe zu finden.

Ein wichtiges Konzept in der Stressbewältigung ist die Unterscheidung zwischen „gutem" und „schlechtem" Stress. Während positiver Stress (Eustress) dazu beitragen kann, motiviert und produktiv zu bleiben, wirkt sich negativer Stress (Distress) belastend aus und führt oft zu Erschöpfung und innerer Unruhe. Für Introvertierte ist es daher entscheidend, Stresssituationen differenziert wahrzunehmen und aktiv Maßnahmen zu ergreifen, um negativen Stress zu reduzieren. Regelmäßige Pausen, klare Abgrenzung der Arbeitszeiten und der bewusste Einsatz von Selbstfürsorge sind dabei wichtige Elemente. Ein stabiles Stressmanagement hilft Introvertierten, nicht nur ihre psychische Gesundheit zu schützen, sondern auch ihre Resilienz und Lebensqualität zu stärken.

Das Erkennen von Stressauslösern im beruflichen Umfeld

Ein wesentlicher Schritt in der Stressbewältigung ist das bewusste Erkennen und Verstehen eigener Stressauslöser. Gerade im beruflichen Umfeld können verschiedene Faktoren wie ständige Unterbrechungen, laute Umgebungen, hohe Erwartungen und häufige soziale Interaktionen für Introvertierte eine Belastung darstellen. Stressauslöser zu erkennen bedeutet, sich seiner eigenen Bedürfnisse bewusst zu werden und jene Situationen zu identifizieren, die das Stresslevel erhöhen. Ein aufmerksamer Blick auf die eigene Reaktion in unterschiedlichen Situationen hilft, diese Stressquellen systematisch zu analysieren und gezielt darauf zu reagieren.

Es kann hilfreich sein, einen „Stress-Tracker" zu führen, in dem Introvertierte Situationen und Erfahrungen dokumentieren, die sie als belastend empfinden. Dies kann das Analysieren der eigenen Stressmuster erleichtern und zeigt auf, welche Umstände immer wieder zu einer Überlastung führen. Vielleicht ist es die ständige Erreichbarkeit, das Arbeiten in einem Großraumbüro oder die hohe Taktung von Meetings, die für Stress sorgen. Das bewusste Erkennen dieser Auslöser gibt Introvertierten die Möglichkeit, gezielt

Gegenmaßnahmen zu entwickeln – sei es durch das Einfordern von Pausen, das Setzen von Grenzen oder die aktive Suche nach Rückzugsmöglichkeiten im Arbeitsalltag.

Darüber hinaus hilft das Erkennen eigener Stressauslöser auch dabei, klare Prioritäten zu setzen und sich realistische Ziele zu stecken. Oft ist es der innere Anspruch, alle Erwartungen zu erfüllen, der zusätzlichen Stress erzeugt. Doch wenn Introvertierte sich bewusst auf ihre Kernaufgaben fokussieren und weniger dringende Aufgaben klar abgrenzen, gewinnen sie die Freiheit, ihre Energie gezielter und stressfreier einzusetzen.

Anwendung von Achtsamkeit, Meditation und Entspannungsübungen

Achtsamkeit, Meditation und Entspannungsübungen sind wirkungsvolle Techniken, um Stress im Alltag zu reduzieren und das Nervensystem zu beruhigen. Für Introvertierte, die oft sensibler auf äußere Reize reagieren, ist Achtsamkeit ein wichtiges Mittel, um die eigene Aufmerksamkeit bewusst auf den gegenwärtigen Moment zu lenken und die innere Ruhe zu stärken. Regelmäßige Achtsamkeitsübungen helfen, sich weniger von den Anforderungen des Umfelds mitreißen zu lassen und stattdessen eine gelassene Haltung zu kultivieren, die das Stresslevel senkt und das Wohlbefinden erhöht.

Meditation ist eine weitere effektive Methode zur Stressbewältigung, die es Introvertierten ermöglicht, in die eigene Mitte zu finden und gedanklich zur Ruhe zu kommen. Eine einfache Technik ist die „Atemmeditation", bei der man sich bewusst auf die eigene Atmung konzentriert. Introvertierte können durch eine solche Atemmeditation lernen, sich auf den Rhythmus des Ein- und Ausatmens zu fokussieren und so das Nervensystem zu beruhigen. Diese Technik kann auch direkt am Arbeitsplatz eingesetzt werden, um sich während eines hektischen Arbeitstages zu zentrieren und sich eine kurze, erholsame Pause zu gönnen.

Entspannungsübungen wie Progressive Muskelentspannung und Körperwahrnehmungsübungen sind ebenfalls wirkungsvolle Mittel, um den Körper zu entspannen und den Geist zu beruhigen. Bei der Progressiven Muskelentspannung werden verschiedene Muskelgruppen bewusst angespannt und dann gelöst, was eine tiefe körperliche Entspannung fördert. Körperwahrnehmungsübungen hingegen helfen Introvertierten, die eigene Körperhaltung und innere Anspannung wahrzunehmen und zu lösen. Solche Techniken wirken nicht nur entspannend, sondern helfen auch, eine tiefe Verbindung zum eigenen Körper aufzubauen und Signale der Überforderung frühzeitig zu erkennen.

Achtsamkeit, Meditation und Entspannungsübungen fördern das Bewusstsein für die eigenen Bedürfnisse und geben Introvertierten die Möglichkeit, ihre Gedanken zu beruhigen und sich selbst in stressigen Momenten zu zentrieren. Durch regelmäßiges Üben dieser Techniken gewinnen Introvertierte eine stabile Grundlage für ihre Stressbewältigung und lernen, ihre innere Ruhe auch in herausfordernden Zeiten zu bewahren.

Methoden zur Emotionsregulation und zur Verbesserung der Resilienz

Emotionsregulation und Resilienz sind entscheidende Fähigkeiten, um im Umgang mit Stress widerstandsfähig zu bleiben und den eigenen Gefühlen bewusst zu begegnen. Introvertierte neigen oft dazu, intensive Emotionen tief zu spüren und lange in Gedanken zu reflektieren, was bei anhaltendem Stress zu Überforderung führen kann. Die Fähigkeit zur Emotionsregulation hilft, diese emotionalen Reaktionen bewusst wahrzunehmen und konstruktiv zu steuern. Es bedeutet, Emotionen nicht zu unterdrücken, sondern bewusst zu reflektieren und Wege zu finden, um ihnen Raum zu geben, ohne von ihnen überwältigt zu werden.

Eine bewährte Methode der Emotionsregulation ist das Führen eines „Gefühlsjournals", in dem Introvertierte ihre Emotionen und Gedanken notieren können. Das schriftliche Festhalten von Gefühlen schafft einen sicheren Raum, um intensive Emotionen zu reflektieren und zu verarbeiten. Dies hilft nicht nur, die eigenen Emotionen besser zu verstehen, sondern gibt auch die Möglichkeit, stressbedingte Sorgen loszulassen. Introvertierte können dabei auch gezielte Fragen verwenden, wie: „Welche Emotionen habe ich heute besonders intensiv gespürt?" oder „Was hat mir in einer bestimmten Situation geholfen, ruhig zu bleiben?" Diese Fragen fördern das Selbstbewusstsein und die Fähigkeit zur Emotionsregulation.

Resilienz, die innere Widerstandskraft gegenüber Stress, kann durch den bewussten Einsatz positiver Gedanken und Routinen gestärkt werden. Introvertierte Menschen können ihre Resilienz fördern, indem sie gezielt positive, stärkende Gedanken nutzen und sich auf das konzentrieren, was ihnen Stabilität und Freude bringt. Eine Methode zur Resilienzsteigerung ist das tägliche Praktizieren von Dankbarkeit. Indem man sich regelmäßig bewusst macht, wofür man dankbar ist, stärkt man die innere Zufriedenheit und das Gefühl der Geborgenheit, was sich positiv auf die eigene Widerstandskraft auswirkt.

Ebenso ist die Visualisierung eine effektive Methode, um die Resilienz zu fördern. Introvertierte können sich in stressigen Situationen bewusst daran erinnern, wie sie in der Vergangenheit erfolgreich mit

Herausforderungen umgegangen sind. Durch das Visualisieren solcher positiven Erfahrungen stärken sie ihr Vertrauen in die eigenen Fähigkeiten und die innere Sicherheit, auch zukünftige Herausforderungen bewältigen zu können. Resilienz ist keine angeborene Eigenschaft, sondern eine Fähigkeit, die sich durch regelmäßige Übung und eine positive, konstruktive innere Haltung entwickelt.

Psychologische Strategien zur nachhaltigen Stressbewältigung

Stressbewältigung ist für Introvertierte von entscheidender Bedeutung, um ihre innere Balance und ihr Wohlbefinden zu bewahren. Das Bewusstsein für grundlegende Konzepte der Stressbewältigung, die Identifikation eigener Stressauslöser und das Anwenden von Achtsamkeit, Meditation und Entspannungsübungen schaffen eine solide Grundlage für ein bewusstes und gesundes Leben. Durch gezielte Methoden zur Emotionsregulation und zur Steigerung der Resilienz gewinnen Introvertierte die Fähigkeit, ihre eigenen Bedürfnisse zu erkennen und ihren Emotionen mit Klarheit und Gelassenheit zu begegnen.

Indem sie lernen, ihre innere Stärke durch achtsame Selbstfürsorge und die Anwendung gezielter Stressmanagement-Strategien zu fördern, können

Introvertierte in einer hektischen, oft extrovertierten Welt erfolgreich und ausgeglichen bleiben.

Kapitel 5: Emotionale Selbstfürsorge im extrovertierten Umfeld

Introvertierte Menschen erleben in extrovertierten Umfeldern oft eine besondere Herausforderung: Während extrovertierte Menschen durch den sozialen Austausch Energie schöpfen, fühlen sich Introvertierte in solchen Situationen schnell überstimuliert und emotional erschöpft. Emotionale Selbstfürsorge ist daher für Introvertierte von entscheidender Bedeutung, um ihre innere Balance zu bewahren und in einer lauten, auf Interaktion ausgelegten Welt bestehen zu können. Dieses Kapitel widmet sich dem Umgang mit Überstimulation, der Bewältigung sozialer Erwartungen und dem Entwickeln von Techniken zur Förderung emotionaler Stabilität und Klarheit.

Den Umgang mit Überstimulation und emotionaler Erschöpfung lernen

Für Introvertierte führt ein extrovertiertes Umfeld häufig zu Überstimulation und dem Gefühl, emotional ausgelaugt zu sein. Offene Büros, laute Gespräche und ständige Interaktion können schnell zu einer Reizüberflutung führen, die das Nervensystem überfordert und die mentale Leistungsfähigkeit einschränkt. Emotional erschöpft zu sein bedeutet für

Introvertierte nicht nur, dass die Energie für weitere Aufgaben fehlt, sondern auch, dass die Fähigkeit zur Selbstregulation abnimmt. Der Umgang mit Überstimulation erfordert daher eine bewusste Selbstfürsorge und den Einsatz von Techniken, die dem Nervensystem helfen, zur Ruhe zu kommen und Energie zurückzugewinnen.

Eine bewährte Methode zur Bewältigung von Überstimulation ist das gezielte Einplanen von Rückzugszeiten. Diese Pausen können in der Mittagspause, vor wichtigen Meetings oder am Ende des Arbeitstags stattfinden und bieten dem Körper und Geist die Möglichkeit, sich von den intensiven Reizen zu erholen. Auch der bewusste Einsatz von Atemübungen oder kurzen Meditationen kann helfen, den Geist zu beruhigen und das Nervensystem zu stabilisieren. Eine einfache Atemübung wie das langsame, tiefe Ein- und Ausatmen über mehrere Minuten hinweg ist bereits ausreichend, um den Körper in einen Zustand der Entspannung zu bringen und die innere Balance wiederherzustellen. Durch diese gezielten Auszeiten wird die Fähigkeit gefördert, die eigene Energie zu schützen und in einem extrovertierten Umfeld bei sich zu bleiben.

Der Einfluss von sozialen Erwartungen auf das emotionale Wohlbefinden

In einem extrovertierten Umfeld werden oft soziale Erwartungen an Mitarbeitende gestellt, die für Introvertierte belastend sein können. Es wird oft erwartet, dass man sich aktiv an Gesprächen beteiligt, an Teamevents teilnimmt und in sozialen Interaktionen offen und engagiert wirkt. Diese sozialen Normen können für Introvertierte anstrengend sein, da sie dazu führen, dass sie sich selbst überfordern, um den Anforderungen gerecht zu werden. Die ständige Anpassung an diese Erwartungen kann das emotionale Wohlbefinden beeinträchtigen und zu einem Gefühl der inneren Zerrissenheit führen.

Eine Möglichkeit, mit diesen sozialen Erwartungen umzugehen, liegt darin, die eigenen Grenzen klar zu erkennen und sich bewusst auf die Situationen vorzubereiten, in denen man sich authentisch und wohl fühlt. So können Introvertierte gezielt jene Aktivitäten auswählen, an denen sie sich wirklich beteiligen möchten, und in anderen Situationen freundlich, aber bestimmt absagen. Ein gutes Gespür für die eigenen Bedürfnisse hilft dabei, zwischen den Erwartungen anderer und den eigenen Grenzen zu unterscheiden und so ein inneres Gleichgewicht zu wahren. Auch das bewusste Reflektieren über die

Rolle, die man im Team oder in einer sozialen Situation spielen möchte, unterstützt Introvertierte darin, ihre eigenen Werte und Prioritäten in den Vordergrund zu stellen und sich nicht von äußeren Normen leiten zu lassen.

Techniken zur Förderung emotionaler Stabilität und Klarheit

Emotionale Stabilität und Klarheit sind in einem extrovertierten Umfeld entscheidend, um in stressigen Momenten die innere Ruhe zu bewahren. Eine wirkungsvolle Technik zur Förderung der emotionalen Stabilität ist das Praktizieren von Achtsamkeit. Achtsamkeit bedeutet, den gegenwärtigen Moment bewusst wahrzunehmen und die eigenen Emotionen ohne Bewertung zu beobachten. Für Introvertierte, die oft intensive Gefühle empfinden, ist dies eine Möglichkeit, die eigenen Emotionen zu reflektieren und in einem sicheren Rahmen anzunehmen. Durch Achtsamkeit wird die Fähigkeit gestärkt, Emotionen bewusst wahrzunehmen, ohne von ihnen überwältigt zu werden. Meditation ist eine weitere Technik, die Introvertierten hilft, ihre emotionale Stabilität zu fördern. Durch regelmäßige Meditation können Introvertierte lernen, ihren Geist zu beruhigen und sich innerlich zu zentrieren. Eine einfache Meditationsübung besteht darin, sich fünf Minuten täglich auf den eigenen Atem zu konzentrieren und störende Gedanken loszulassen. Diese Übung fördert die Fähigkeit, den eigenen inneren Raum zu bewahren und sich von äußeren Reizen nicht so leicht ablenken zu lassen. Auch das Führen eines Emotionstagebuchs kann eine hilfreiche Methode zur emotionalen Klarheit sein. Hier können Introvertierte ihre Gefühle und Gedanken niederschreiben und reflektieren, was ihnen in bestimmten Situationen geholfen hat oder was sie herausfordernd fanden. Das Bewusstsein für die eigenen Emotionen und deren Auslöser stärkt die Klarheit über das eigene Innenleben und unterstützt dabei, in schwierigen Momenten gelassener zu bleiben.

Reflexion über emotionale Grenzen und wie man sie wahren kann

Emotionale Grenzen sind für Introvertierte ein essenzielles Mittel, um ihre innere Balance und ihr Wohlbefinden zu schützen. In extrovertierten Umfeldern können diese Grenzen leicht überschritten werden, da die ständige Interaktion und die Erwartungen anderer oft dazu führen, dass Introvertierte ihre eigenen Bedürfnisse zurückstellen. Emotionale Grenzen zu setzen bedeutet, sich bewusst darüber zu sein, wie viel man sich selbst zumuten kann und wann es notwendig ist, sich zurückzuziehen. Es bedeutet auch, „Nein" zu sagen und das eigene Wohlbefinden zu priorisieren, ohne sich schuldig oder ungenügend zu fühlen.

Um emotionale Grenzen zu wahren, ist es hilfreich, die eigenen Gefühle regelmäßig zu reflektieren und auf Signale der Erschöpfung zu achten. Introvertierte, die ihre emotionalen Grenzen ernst nehmen, entwickeln ein starkes Gespür dafür, wann sie eine Pause brauchen oder in bestimmten Situationen für sich einstehen müssen. Eine bewusste Reflexion über die eigenen emotionalen Grenzen hilft, sich nicht von äußeren Anforderungen überrollen zu lassen und innerlich stabil zu bleiben. Auch das Führen eines „Grenzenjournals" kann dabei unterstützen, sich über eigene Bedürfnisse und Grenzen klar zu werden und diese in stressigen Momenten gezielt einzusetzen.

Durch das Bewusstsein für emotionale Grenzen und die Fähigkeit, diese zu wahren, gewinnen Introvertierte die Freiheit, sich in einem extrovertierten Umfeld auf eine Weise zu bewegen, die ihrer Natur entspricht. Diese Selbstfürsorge stärkt nicht nur das emotionale Wohlbefinden, sondern hilft Introvertierten auch, authentisch und selbstbewusst aufzutreten und ihre Stärken in sozialen Situationen gezielt einzubringen.

Kapitel 6: Soziale Beziehungen im Beruf und Grenzen setzen

Introvertierte Menschen stehen in lauten, auf soziale Interaktion ausgelegten Berufen häufig vor der Herausforderung, ihre Energie zu schützen und gleichzeitig produktive, gesunde Beziehungen zu ihren Kolleg:innen zu pflegen. Während soziale Interaktionen in diesen Berufsfeldern wichtig sind, um im Team erfolgreich zu arbeiten und sich beruflich zu vernetzen, können sie für Introvertierte schnell anstrengend und ermüdend werden. Der bewusste Umgang mit sozialen Beziehungen, das Setzen klarer Grenzen und das eigene Wohlbefinden zu schützen, sind daher wichtige Fähigkeiten, um sich in einem lauten Arbeitsumfeld wohlzufühlen und effektiv zu arbeiten. Dieses Kapitel befasst sich mit Strategien, wie Introvertierte ihre sozialen Beziehungen im Beruf pflegen, Grenzen setzen und ihre Authentizität bewahren können.

Die Rolle sozialer Interaktionen für Introvertierte in lauten Berufen

Soziale Interaktionen spielen in vielen Berufen eine zentrale Rolle und werden oft als Zeichen für Engagement, Teamgeist und Motivation wahrgenommen. Besonders in lauten

Arbeitsumfeldern wird erwartet, dass Mitarbeitende proaktiv aufeinander zugehen, sich regelmäßig austauschen und an Gruppenbesprechungen oder Brainstorming-Sitzungen teilnehmen. Für Introvertierte, die ihre Energie eher aus ruhigen, konzentrierten Momenten schöpfen, kann dieser soziale Druck jedoch schnell zu einer Herausforderung werden. Die ständige Interaktion kann das Gefühl der Überforderung verstärken und das Bedürfnis nach Rückzug und Ruhe auf Dauer unterdrücken.

Ein erster Schritt für Introvertierte, um mit diesen Anforderungen besser umzugehen, ist das bewusste Reflektieren über den eigenen Umgang mit sozialen Interaktionen. Dabei hilft es, sich klarzumachen, welche Gespräche und Begegnungen tatsächlich notwendig und produktiv sind und in welchen Momenten man eher Energie verliert, ohne einen Mehrwert zu erzielen. So können Introvertierte gezielt jene sozialen Kontakte pflegen, die ihnen nützlich erscheinen, und sich in weniger relevanten Situationen abgrenzen. Der bewusste Einsatz von sozialer Energie gibt ihnen die Freiheit, sich in einer extrovertierten Umgebung wohlzufühlen, ohne sich von den sozialen Erwartungen überwältigt zu fühlen.

Empathische Kommunikation und die Kunst, Grenzen zu setzen

Für Introvertierte ist es entscheidend, sich in sozialen Interaktionen authentisch und empathisch auszudrücken, ohne dabei ihre eigenen Bedürfnisse zu vernachlässigen. Die Kunst, Grenzen zu setzen, ist dabei eine zentrale Fähigkeit, die es ihnen ermöglicht, ihre Energie zu bewahren und dennoch produktiv mit anderen zu kommunizieren. Empathische Kommunikation bedeutet, auf eine Weise mit anderen zu interagieren, die sowohl Rücksicht auf die Gefühle und Bedürfnisse der anderen nimmt als auch die eigenen Grenzen wahrt. Diese Fähigkeit ist besonders wichtig, um zu vermeiden, dass man sich selbst überfordert oder in Situationen gerät, die die eigene Energie übermäßig beanspruchen.

Eine wirkungsvolle Strategie zur empathischen Kommunikation ist das Verwenden von „Ich-Botschaften". Anstatt zu sagen: „Du überforderst mich gerade", können Introvertierte ausdrücken: „Ich brauche gerade eine kurze Pause, um meine Gedanken zu ordnen." Solche Aussagen ermöglichen es, die eigenen Grenzen klar zu kommunizieren, ohne die andere Person vor den Kopf zu stoßen. Introvertierte können diese Technik auch anwenden, um ihre Arbeitszeiten und Verfügbarkeit zu steuern. Wenn beispielsweise Kolleg:innen spontan ins Büro kommen und ein Gespräch beginnen, ist es hilfreich, die eigenen Prioritäten zu kennen und freundlich, aber bestimmt zu erklären, dass man später gerne zur Verfügung steht. Diese Art der empathischen Kommunikation fördert Respekt für die eigenen Bedürfnisse und stärkt gleichzeitig die sozialen Beziehungen im Team.

Wie man in sozialen Kontexten authentisch bleibt und Konflikte minimiert

Authentizität in sozialen Interaktionen ist ein wichtiger Bestandteil der Selbstfürsorge für Introvertierte. In beruflichen Umfeldern, die von extrovertierten Normen geprägt sind, fühlen sich Introvertierte oft dazu gedrängt, ihre ruhige Art zu verändern oder lauter aufzutreten, um sich anzupassen. Doch diese ständige Anpassung kann das Gefühl der Authentizität beeinträchtigen und dazu führen, dass man sich innerlich distanziert oder erschöpft fühlt. Authentisch zu bleiben, bedeutet für Introvertierte, die eigenen Werte und Überzeugungen in Gesprächen und Teamarbeit zu vertreten, ohne sich zu verbiegen oder eine Rolle zu spielen, die nicht zur eigenen Persönlichkeit passt.

Ein praktischer Ansatz, um authentisch zu bleiben, ist es, sich vor jeder sozialen Interaktion bewusst zu machen, welche Rolle man in der jeweiligen Situation einnehmen möchte. Das kann bedeuten, dass man sich auf die eigenen Stärken konzentriert und diese selbstbewusst einbringt, anstatt sich von extrovertierten Erwartungen leiten zu lassen. Authentizität wird dabei nicht nur durch Worte, sondern auch durch Körpersprache ausgedrückt. Introvertierte können lernen, eine aufrechte Haltung einzunehmen und anderen Menschen direkt in die Augen zu sehen, um selbstbewusst aufzutreten, ohne sich zu verstellen.

Um Konflikte zu minimieren, ist es hilfreich, respektvoll und wertschätzend auf andere einzugehen, auch wenn die eigene Meinung oder das Verhalten im Team abweichen. Wenn Introvertierte sich dazu entscheiden, Konflikte ruhig und sachlich anzusprechen, statt sie zu vermeiden, trägt das zur Klärung und Verbesserung des Arbeitsklimas bei. Dabei ist es wichtig, bei der eigenen Perspektive zu bleiben und zu betonen, was einem persönlich wichtig ist, ohne die Sichtweisen der anderen abzuwerten. Diese achtsame Art der Konfliktlösung stärkt das Vertrauen und hilft, Missverständnisse auf respektvolle Weise zu klären.

Tipps, um sich in Gruppen wohlzufühlen und sich Gehör zu verschaffen

Für viele Introvertierte ist das Arbeiten in Gruppen eine Herausforderung, da sie oft das Gefühl haben, nicht ausreichend Gehör zu finden oder in einer lauten Runde unterzugehen. Doch auch Introvertierte können sich durch gezielte Strategien in Gruppen wohlfühlen und ihre Ideen effektiv einbringen. Eine Möglichkeit ist, sich bereits im Vorfeld auf Gruppendiskussionen vorzubereiten, indem man sich seine Gedanken und Argumente notiert und so klar vor Augen hat, was man in die Diskussion einbringen möchte. Diese Vorbereitung gibt das nötige Selbstbewusstsein, sich auch in lauten Gruppen auf die eigenen Beiträge zu konzentrieren.

Ein weiterer Tipp ist, sich strategische Momente zu suchen, in denen man sich Gehör verschaffen kann. Introvertierte können gezielt Momente abwarten, in denen die Gruppendynamik etwas ruhiger ist, und ihre Meinung dann klar und strukturiert äußern. Dabei hilft es, selbstbewusst zu sprechen und Blickkontakt zu den anderen Teilnehmenden zu halten. Indem sie ihre Gedanken ruhig, aber bestimmt formulieren, verschaffen sich Introvertierte Respekt und Aufmerksamkeit, ohne sich lauter als notwendig zu präsentieren.

Auch die Verwendung von Gesten, um die eigene Meinung zu unterstreichen, kann helfen, sich in Gruppen Gehör zu verschaffen. Eine offene Körpersprache und das bewusste Einsetzen von Handbewegungen unterstützen die eigene Aussage und signalisieren, dass man sicher und präsent ist. Wenn Introvertierte lernen, diese Strategien gezielt anzuwenden, entwickeln sie die Fähigkeit, sich in Gruppen wohlzufühlen und ihre Gedanken auf authentische Weise einzubringen.

Insgesamt ermöglicht das Setzen klarer Grenzen und die bewusste Pflege sozialer Beziehungen Introvertierten, sich in einem extrovertierten Umfeld auf gesunde und wirkungsvolle Weise zu behaupten.

Kapitel 7: Umgang mit Small Talk und extrovertierten Kommunikationsmustern

Für Introvertierte kann Small Talk und der soziale Austausch im Arbeitsalltag oft anstrengend sein. Extrovertierte Kommunikationsmuster, die auf spontane Interaktionen und schnellen Austausch abzielen, sind in vielen Berufen gängige Praxis, um den Teamgeist zu stärken und eine lockere Atmosphäre zu schaffen. Doch für introvertierte Menschen, die lieber tiefere Gespräche führen und sich auf wesentliche Themen konzentrieren, ist dieser ständige, oft oberflächliche Austausch häufig kräftezehrend. Dieses Kapitel gibt einen Überblick darüber, wie Introvertierte mit Small Talk umgehen und gleichzeitig authentisch und präsent bleiben können, ohne sich überfordert zu fühlen.

Die Rolle von Small Talk und sozialem Austausch im Arbeitsalltag

In vielen Berufsfeldern wird Small Talk als ein Mittel genutzt, um zwischenmenschliche Beziehungen zu stärken, Vertrauen aufzubauen und eine angenehme Arbeitsatmosphäre zu schaffen. Ob in der Kaffeeküche, beim Mittagessen oder in den Pausen zwischen Meetings – Small Talk hilft, eine lockere, offene Kommunikation zu fördern, was oft zu einem harmonischen Arbeitsumfeld beiträgt. Small Talk ermöglicht es den Mitarbeitenden, sich besser kennenzulernen, Gemeinsamkeiten zu entdecken und dadurch ein Gefühl der Zusammengehörigkeit zu entwickeln.

Für Introvertierte kann dieser soziale Austausch jedoch anstrengend sein, da sie sich durch ständige, oberflächliche Interaktionen schnell ausgelaugt fühlen. Sie bevorzugen tiefere Gespräche und den Austausch von bedeutungsvollen Gedanken, was Small Talk für sie manchmal uninteressant oder ermüdend wirken lässt. Dennoch ist es auch für Introvertierte hilfreich, die Rolle von Small Talk anzuerkennen und ihn als Werkzeug zu nutzen, um berufliche Beziehungen aufzubauen und sich im Team einzufügen. Small Talk kann ihnen als Brücke dienen, um eine Basis für tiefere, authentischere Verbindungen zu schaffen und sich besser ins Team zu integrieren.

Praktische Tipps für Small Talk, ohne sich ausgelaugt zu fühlen

Introvertierte können lernen, Small Talk auf eine Weise zu gestalten, die ihre Energie schont und dennoch dazu beiträgt, dass sie sich sozial verbunden fühlen. Ein hilfreicher Ansatz ist es, Small Talk bewusst kurz und positiv zu halten. Statt sich in langen, energiezehrenden Gesprächen zu verlieren, können Introvertierte das Gespräch freundlich und souverän auf eine kurze Dauer beschränken. Sie könnten beispielsweise auf eine nette Frage mit einem Lächeln antworten und das Gespräch auf positive, unverfängliche Themen lenken, wie das Wetter, ein aktuelles Ereignis oder ein kleines Kompliment. Dadurch wird Small Talk weniger ermüdend und kann dennoch eine angenehme Atmosphäre schaffen.

Ein weiterer Tipp ist, gezielte Fragen zu stellen, die das Gespräch in eine interessante Richtung lenken und möglicherweise zu einem tiefergehenden Austausch führen. Indem Introvertierte Fragen stellen, die ihnen selbst wichtig sind oder die sie wirklich interessieren, bringen sie mehr Bedeutung in das Gespräch und fördern einen Austausch, der sich persönlicher und erfüllender anfühlt. Dies könnte eine einfache Frage wie „Hast du am Wochenende etwas Schönes unternommen?" sein oder eine Bemerkung zu einem gemeinsamen Hobby, das für beide Seiten interessant ist.

Introvertierte können sich außerdem angewöhnen, Small Talk bewusst in ihre täglichen Routinen einzuplanen, damit sie diese Momente leichter in ihre Energiebilanz einbauen können. Wenn sie wissen, dass sie zu bestimmten Zeiten einen kurzen Austausch führen werden, können sie sich mental darauf einstellen und vermeiden, sich durch unerwartete soziale Interaktionen überrascht oder überfordert zu fühlen.

Gesprächstechniken, die Introvertierten helfen, ihre Komfortzone zu erweitern

Für Introvertierte bedeutet die Erweiterung der eigenen Komfortzone nicht, dass sie sich in eine extrovertierte Kommunikationsweise zwingen müssen. Stattdessen geht es darum, Techniken zu entwickeln, die es ihnen ermöglichen, sich in sozialen Interaktionen wohlzufühlen und authentisch zu bleiben. Eine hilfreiche Technik ist das aktive Zuhören. Introvertierte sind oft gute Zuhörer:innen und können diese Fähigkeit nutzen, um in Gesprächen präsent zu sein, ohne viel reden zu müssen. Durch gezieltes Nachfragen und das Wiedergeben der Aussagen des Gegenübers zeigen sie Interesse und Präsenz, ohne selbst im Mittelpunkt stehen zu müssen.

Eine weitere Technik, um die eigene Komfortzone zu erweitern, besteht darin, sich bewusst auf die Körpersprache zu konzentrieren. Introvertierte können durch eine offene, entspannte Haltung zeigen, dass sie am Gespräch teilhaben, auch wenn sie selbst wenig sprechen. Indem sie Blickkontakt halten und gelegentlich nicken oder lächeln, signalisieren sie Aufmerksamkeit und Interesse, ohne sich durch laute oder spontane Äußerungen hervorzutun. Diese bewusste Körpersprache schafft eine angenehme

Gesprächsatmosphäre und hilft Introvertierten, sich selbstsicher und entspannt zu fühlen.

Um in Gesprächen leichter in die eigene Komfortzone zu finden, können Introvertierte auch an einer spezifischen „Eröffnungsfrage" arbeiten, die sie immer dann verwenden, wenn sie in ein Gespräch einsteigen möchten. Eine solche Frage könnte zum Beispiel sein: „Was steht heute auf deiner To-Do-Liste?" oder „Wie läuft das Projekt, an dem du gerade arbeitest?" Durch diese gezielte Frage gewinnen sie Zeit, um sich an das Gespräch zu gewöhnen, und können in eine unverbindliche Unterhaltung einsteigen, die ihnen Sicherheit gibt.

Kommunikationsmethoden, um in Meetings und Gruppen präsent zu sein

In Meetings und Gruppendiskussionen fühlen sich viele Introvertierte oft überfordert, weil diese Situationen eine schnelle Reaktionsfähigkeit und eine sichtbare Präsenz erfordern. Doch auch hier gibt es Kommunikationsmethoden, die es Introvertierten ermöglichen, ihre Meinung einzubringen und präsent zu sein, ohne sich verstellen zu müssen. Eine Methode besteht darin, sich im Vorfeld auf das Meeting vorzubereiten und sich die eigenen Gedanken und Argumente klarzumachen. Introvertierte können sich Notizen machen und konkrete Punkte aufschreiben, die sie in das

Gespräch einbringen möchten. Diese Vorbereitung gibt ihnen Sicherheit und hilft ihnen, sich im Meeting selbstbewusster zu äußern.

Eine weitere Methode ist das gezielte Setzen von „Akzentuierungen" im Gespräch. Statt sich ständig in die Diskussion einzubringen, können Introvertierte bewusst Momente abwarten, in denen sie mit einem prägnanten, durchdachten Beitrag auf sich aufmerksam machen. Wenn sie ihre Punkte ruhig, aber bestimmt vortragen, gewinnen sie die Aufmerksamkeit der anderen und bringen ihre Gedanken auf den Punkt, ohne sich in langen Diskussionen zu verlieren.

Introvertierte können außerdem lernen, in Meetings Signale zu setzen, die ihre Bereitschaft zur Teilnahme zeigen, auch wenn sie nicht ständig sprechen. Das gelegentliche Nicken, ein interessierter Gesichtsausdruck oder das Anheben der Hand, wenn sie etwas sagen möchten, sind nonverbale Signale, die zeigen, dass sie engagiert sind. Diese kleinen Gesten helfen ihnen, präsent zu sein, und bieten eine alternative Art der Teilnahme, die ihnen entspricht.

Indem sie sich auf vorbereitete Beiträge und nonverbale Signale konzentrieren, können Introvertierte ihre Präsenz in Meetings und Gruppengesprächen steigern, ohne ihre natürlichen Kommunikationsmuster aufzugeben. Diese

Kommunikationsmethoden geben ihnen die Möglichkeit, auch in extrovertierten Umfeldern authentisch und sichtbar zu sein.

Kapitel 8: Psychologische Techniken zur Steigerung von Produktivität und Konzentration

Introvertierte Menschen haben häufig eine tiefe, analytische Denkweise, die es ihnen ermöglicht, konzentriert und durchdacht an Aufgaben zu arbeiten. Diese Fähigkeit zur intensiven Fokussierung ist in der modernen Arbeitswelt, die oft von Unterbrechungen, offenen Büros und hohen Kommunikationsanforderungen geprägt ist, jedoch schnell gefährdet. Um produktiv und effizient arbeiten zu können, brauchen Introvertierte Techniken, die ihnen helfen, ihre Konzentration zu bewahren und Ablenkungen zu minimieren. In diesem Kapitel werden psychologische Techniken vorgestellt, die Introvertierte dabei unterstützen, ihre Produktivität zu steigern und sich in lauten Arbeitsumfeldern optimal zu konzentrieren.

Der Einfluss von introvertierten Denkstrukturen auf die Arbeitsweise

Introvertierte neigen dazu, tief und analytisch über Aufgaben nachzudenken und sich intensiv in Details zu vertiefen. Ihre Denkstrukturen sind oft auf langfristiges, gründliches Arbeiten ausgerichtet, was sie dazu befähigt, komplexe Zusammenhänge zu verstehen und nachhaltige Lösungen zu entwickeln. Während extrovertierte Menschen ihre Ideen oft laut äußern und sich im Austausch inspirieren, bevorzugen Introvertierte die innere Reflexion, um ihre Gedanken zu ordnen und fundierte Entscheidungen zu treffen.

Dieser Denkstil wirkt sich auf die Arbeitsweise aus und führt dazu, dass Introvertierte in ruhigen, ungestörten Umgebungen ihre beste Leistung erbringen. Sie arbeiten gerne in einem kontinuierlichen Flow, in dem sie ungestört an einer Aufgabe dranbleiben und tief in ein Thema eintauchen können. In lauten Büros oder bei ständigen Unterbrechungen wird dieser Flow jedoch oft unterbrochen, was dazu führt, dass sie sich abgelenkt und weniger produktiv fühlen. Die introvertierte Denkstruktur ist auf Tiefe statt auf Geschwindigkeit ausgerichtet, was bedeutet, dass Introvertierte von Arbeitsbedingungen profitieren, die Raum für ungestörtes, fokussiertes Arbeiten bieten.

Strategien für fokussiertes Arbeiten in lauten Büros

In lauten Büros kann es eine Herausforderung sein, die Konzentration aufrechtzuerhalten und Ablenkungen zu minimieren. Doch mit gezielten Strategien können Introvertierte lernen, sich auch in einem solchen Umfeld zu fokussieren und ihre Produktivität zu steigern. Eine bewährte Methode ist der Einsatz von Noise-Cancelling-Kopfhörern oder beruhigender Musik, die dabei hilft, Umgebungsgeräusche zu dämpfen und eine persönliche „Schallmauer" gegen Ablenkungen zu schaffen. Beruhigende Hintergrundmusik oder Naturgeräusche können ebenfalls dazu beitragen, das Stresslevel zu senken und eine ruhige, fokussierte Arbeitsatmosphäre zu schaffen.

Ein weiterer Ansatz ist die Methode des „Deep Work", bei der Introvertierte sich bewusst Zeitblöcke für tiefes, konzentriertes Arbeiten einplanen. Diese Methode wurde von Cal Newport, einem Professor und Autor, entwickelt und zielt darauf ab, ungestörte Zeiträume zu schaffen, in denen anspruchsvolle, gedanklich intensive Aufgaben erledigt werden. Introvertierte können sich für eine festgelegte Zeit auf eine einzige Aufgabe konzentrieren, ohne Unterbrechungen durch E-Mails, Anrufe oder Gespräche zuzulassen. Dieser gezielte Fokus fördert die Tiefe und Qualität der Arbeit und hilft dabei, komplexe Projekte effektiv voranzutreiben.

Einige Introvertierte finden es auch hilfreich, visuelle Signale zu verwenden, um zu zeigen, dass sie gerade fokussiert arbeiten. Ein einfaches „Bitte nicht stören"-Schild am Arbeitsplatz oder das Schließen der Bürotür (wenn möglich) sind einfache Maßnahmen, die den Kolleg:innen signalisieren, dass man gerade in einer tiefen Arbeitsphase steckt. Solche visuellen Hinweise schaffen Klarheit und reduzieren die Wahrscheinlichkeit, bei konzentrierter Arbeit unterbrochen zu werden.

Zeitmanagement für Introvertierte: Erkennen und Nutzen von Energie-Hochzeiten

Introvertierte Menschen haben oft einen natürlichen Energiezyklus, in dem sich Phasen hoher Konzentration und niedrigeren Energielevels abwechseln. Diese „Energie-Hochzeiten" sind Tageszeiten, zu denen Introvertierte besonders produktiv und fokussiert arbeiten können. Sie zu erkennen und gezielt zu nutzen, kann dabei helfen, das Arbeitspensum effizient zu bewältigen und die besten Ergebnisse zu erzielen.

Die meisten Introvertierten erleben ihre Energie-Hochzeiten morgens oder in den frühen

Nachmittagsstunden, wenn der Geist noch frisch und weniger erschöpft ist. In dieser Zeit können sie sich am besten auf anspruchsvolle Aufgaben konzentrieren, die eine tiefe gedankliche Verarbeitung erfordern. Durch das bewusste Planen von anspruchsvollen Aufgaben in diesen Hochphasen können Introvertierte ihre Energie optimal einsetzen und die besten Ergebnisse erzielen. Weniger anspruchsvolle, routinemäßige Tätigkeiten können dann in Zeiten erledigt werden, in denen die Konzentration nachlässt, wie etwa am späten Nachmittag.

Es kann auch hilfreich sein, eine Art „Energie-Tagebuch" zu führen, um die eigenen Energie-Hochzeiten besser kennenzulernen. Introvertierte können dabei ihre tägliche Energielevel und Produktivität in verschiedenen Zeiträumen notieren und so einen persönlichen Rhythmus erkennen. Dieses Wissen ermöglicht es ihnen, den Tag gezielt zu strukturieren und die besten Ergebnisse in Phasen hoher Energie zu erzielen.

Umgang mit Ablenkungen und Methoden zur Aufrechterhaltung der Konzentration

In modernen Büros sind Ablenkungen oft unvermeidlich, sei es durch Gespräche, Telefonanrufe oder das ständige Blinken von E-Mails und Nachrichten. Um die Konzentration zu bewahren, ist es für Introvertierte wichtig, Strategien zu entwickeln, die sie vor diesen Ablenkungen schützen und ihnen helfen, die eigene Aufmerksamkeit gezielt zu steuern. Eine hilfreiche Methode ist die „Pomodoro-Technik", bei der Arbeitsphasen und Pausen gezielt abwechseln. Diese Technik basiert auf der Idee, dass kurze, konzentrierte Arbeitsphasen von etwa 25 Minuten, gefolgt von einer kurzen Pause, die Konzentration und Produktivität fördern. Introvertierte können sich so gezielt für kurze Zeiträume konzentrieren und anschließend ihre Aufmerksamkeit regenerieren.

Ein weiterer Ansatz ist das gezielte Abschalten von Ablenkungen durch Technologie. Introvertierte können während ihrer Konzentrationsphasen Benachrichtigungen auf dem Smartphone oder dem Computer deaktivieren und sich ausschließlich auf die jeweilige Aufgabe konzentrieren. Durch das bewusste Abschalten digitaler Störungen können sie ein ruhiges, ungestörtes Arbeitsumfeld schaffen, das die Konzentration unterstützt und den inneren Fokus stärkt.

Eine weitere Methode zur Aufrechterhaltung der Konzentration ist das Setzen klarer Ziele und das Visualisieren der Aufgaben, die während einer bestimmten Arbeitszeit erledigt werden sollen. Indem Introvertierte sich konkrete Ziele für ihre Arbeitsphasen setzen und visualisieren, was sie erreichen möchten, stärken sie ihre Motivation und bleiben konzentriert. Diese klare Zielsetzung hilft, den inneren Fokus zu bewahren und weniger anfällig für äußere Ablenkungen zu sein.

Die Anwendung dieser psychologischen Techniken zur Konzentrationssteigerung und Ablenkungsvermeidung ermöglicht es Introvertierten, ihre natürliche Produktivität und ihr analytisches Denken voll zu entfalten. Durch die gezielte Nutzung ihrer Energie und die Minimierung von Störungen können Introvertierte auch in lauten Büroumgebungen produktiv arbeiten und ihre Arbeitsweise nachhaltig verbessern.

Kapitel 9: Schaffung von Rückzugsräumen und persönlichen Pausen

Rückzugsräume und Pausen sind für Introvertierte essenziell, um ihre Energie und Konzentration über den Arbeitstag hinweg aufrechtzuerhalten. Während laute, offene Arbeitsumgebungen oft unaufhörliche Interaktionen und Reize bieten, brauchen Introvertierte gezielte Pausen und Rückzugsmöglichkeiten, um ihre Energie wieder aufzuladen. Diese Rückzugsorte sind nicht nur physischer Natur – auch mentale Räume und Visualisierungstechniken können helfen, in stressigen Momenten innere Ruhe und Klarheit zu finden. Dieses Kapitel beleuchtet, wie Introvertierte physische und mentale Rückzugsorte gestalten und kurze Pausen nutzen können, um ihr Energiemanagement und Wohlbefinden im Arbeitsalltag zu verbessern.

Die Bedeutung physischer und mentaler Rückzugsorte am Arbeitsplatz

Physische Rückzugsorte sind für Introvertierte wertvoll, um sich vom sozialen und sensorischen Druck am Arbeitsplatz zu erholen. In einem Großraumbüro oder einer lebendigen Arbeitsumgebung bieten kurze Momente in einem ruhigen Raum oder abgeschiedenen Bereich die

Möglichkeit, den Kopf frei zu bekommen und den Geist zu erholen. Solche Rückzugsorte, selbst wenn sie nur für wenige Minuten genutzt werden, wirken beruhigend auf das Nervensystem und geben Introvertierten den Raum, um ihre Gedanken zu sammeln und ihre innere Balance wiederherzustellen.

Neben physischen Rückzugsorten sind auch mentale Rückzugsorte wichtig, die jederzeit und überall genutzt werden können. Durch Visualisierungstechniken oder kurze mentale Übungen können Introvertierte einen inneren Raum der Ruhe schaffen, selbst wenn sie physisch keine Möglichkeit haben, sich zurückzuziehen. Diese mentalen Rückzugsorte unterstützen sie dabei, sich inmitten eines hektischen Arbeitstags kurz in ihre eigene Gedankenwelt zurückzuziehen und sich auf eine Art „inneren Pausenmodus" einzulassen. Indem sie sowohl physische als auch mentale Rückzugsorte in ihren Arbeitsalltag integrieren, können Introvertierte ihre Energie besser managen und den Herausforderungen einer lauten Umgebung ruhiger begegnen.

Tipps zur Gestaltung eines beruhigenden und aufladenden Arbeitsbereichs

Ein beruhigender, aufladender Arbeitsplatz kann viel zur mentalen und emotionalen Stabilität beitragen. Für Introvertierte, die auf ihren Arbeitsbereich angewiesen sind, um konzentriert und ausgeglichen zu bleiben, ist es hilfreich, eine Umgebung zu schaffen, die Ruhe und Positivität ausstrahlt. Persönliche Gegenstände wie Pflanzen, Fotos, beruhigende Bilder oder kleine Erinnerungsstücke schaffen eine warme, angenehme Atmosphäre und helfen, eine Verbindung zu einem eigenen Raum der Ruhe zu finden.

Licht und Farben spielen ebenfalls eine wichtige Rolle bei der Gestaltung eines beruhigenden Arbeitsbereichs. Natürliches Licht oder eine weiche Beleuchtung wirken beruhigend und können die Konzentration fördern. Einige Introvertierte bevorzugen warme Farben und weiche Texturen, die das Wohlbefinden steigern und den Arbeitsbereich einladender machen. Auch kleine, einfache Elemente wie ein weiches Kissen, eine Tasse Tee oder ein angenehmer Duft (z. B. über einen kleinen Diffuser) tragen dazu bei, eine beruhigende Atmosphäre zu schaffen, die den Geist entspannt und auf die Arbeit einstimmt.

Darüber hinaus kann es hilfreich sein, den Arbeitsbereich so zu organisieren, dass Ablenkungen minimiert werden. Ein klarer, aufgeräumter Schreibtisch ohne visuelle Störfaktoren schafft eine ruhige Umgebung und hilft Introvertierten, sich auf das Wesentliche zu konzentrieren. Auch das Trennen von Arbeits- und Pausenbereichen, sofern möglich, hilft, den Arbeitsbereich bewusst als Raum für konzentriertes Arbeiten und den Pausenbereich als Ort der Erholung zu nutzen.

Kurze Pausenrituale für Stressabbau und Energiemanagement

Kurze Pausen sind für Introvertierte wichtig, um ihre Energie über den Tag hinweg zu regenerieren und Stress abzubauen. Solche Pausenrituale können einfach und kurz sein, sind aber dennoch wirkungsvoll. Eine bewährte Methode ist die „Atempause", bei der Introvertierte für ein bis zwei Minuten bewusst tief ein- und ausatmen. Diese einfache Atemübung beruhigt das Nervensystem und schafft in kurzer Zeit eine spürbare Entlastung, besonders in stressigen Momenten. Sie lässt sich fast überall durchführen und kann gezielt eingesetzt werden, wenn man sich überfordert oder angespannt fühlt.

Ein weiteres nützliches Pausenritual ist der „Bewegungsausgleich". Introvertierte, die lange an ihrem Schreibtisch sitzen, können kleine Bewegungspausen einlegen, in denen sie sich kurz strecken oder aufstehen und einen kleinen Spaziergang machen. Ein kurzer Spaziergang durch das Büro oder hinaus ins Freie hilft, das Energielevel zu heben, die Durchblutung anzuregen und den Kopf freizubekommen. Diese kleinen Pausen lassen sich leicht in den Alltag integrieren und fördern das allgemeine Wohlbefinden und die Konzentration.

Einige Introvertierte finden es auch hilfreich, eine kurze mentale Auszeit zu nehmen, indem sie ein Mini-Ritual für den Rückzug nutzen. Dies könnte das Schließen der Augen und das Visualisieren eines angenehmen Ortes sein oder das bewusste Abschalten des Smartphones und das Loslassen aller Arbeitsgedanken für einige Minuten. Diese kleinen, regelmäßigen Pausen schaffen einen Rhythmus des „Auftankens" und helfen, die Energie über den Tag hinweg stabil zu halten.

Visualisierungstechniken und mentale Räume für Ruhe in hektischen Momenten

In hektischen Momenten ist es nicht immer möglich, sich physisch zurückzuziehen oder eine längere Pause einzulegen. Visualisierungstechniken sind daher eine gute Möglichkeit für Introvertierte, einen inneren Rückzugsort zu schaffen, der ihnen auch in stressigen Situationen innere Ruhe bietet. Eine hilfreiche Visualisierungstechnik ist das „innere Kraftbild", bei dem Introvertierte sich einen ruhigen, friedlichen Ort vorstellen, der ihnen Sicherheit und Entspannung vermittelt. Dies könnte ein Strand, ein Wald oder ein gemütlicher Raum sein. Indem sie sich diesen Ort in Gedanken ausmalen und sich einige Minuten auf die Details konzentrieren, können sie eine innere Ruhe und Stabilität aufbauen, die sie auch im hektischen Arbeitsumfeld bewahrt.

Eine weitere mentale Technik ist die „Atemvisualisierung". Hierbei stellen sich Introvertierte beim Einatmen vor, wie sie Ruhe und Kraft in ihren Körper aufnehmen, und beim Ausatmen, wie sie Anspannung und Stress loslassen. Diese Visualisierung kombiniert die entspannende Wirkung der Atmung mit der Kraft der Vorstellung und hilft, Stress schnell zu reduzieren und das Energieniveau zu stabilisieren.

Für besonders stressige Situationen können Introvertierte auch die „Schutzschild"-Visualisierung nutzen. Dabei stellen sie sich vor, dass ein unsichtbarer, schützender Schild um sie herum entsteht, der sie vor äußeren Reizen und Ablenkungen abschirmt. Diese Vorstellung schafft ein Gefühl von Sicherheit und Abgrenzung, das in stressigen Momenten unterstützend wirkt und hilft, sich besser zu fokussieren und in sich selbst ruhen zu können.

Indem Introvertierte Rückzugsräume, Pausenrituale und Visualisierungstechniken in ihren Alltag integrieren, gewinnen sie die Fähigkeit, selbst in einem lauten, fordernden Arbeitsumfeld ihre innere Balance zu bewahren. Diese Praktiken stärken die mentale und emotionale Resilienz und ermöglichen es ihnen, auch in stressigen Zeiten ruhig und konzentriert zu bleiben.

Kapitel 10: Nach der Arbeit – Erholung und Abschalten im Feierabend

Für Introvertierte ist die Erholung nach der Arbeit besonders wichtig, um die Energie, die sie im beruflichen Umfeld verbraucht haben, wieder aufzufüllen. In einer Welt, die oft ständige Verfügbarkeit und digitales Engagement verlangt, ist es eine Herausforderung, sich wirklich vom Arbeitsalltag zu entkoppeln und die eigenen Energiereserven wieder aufzuladen. Dieses Kapitel beleuchtet Methoden zur Entspannung und Möglichkeiten, sich vom beruflichen Stress zu lösen, um ein ausgewogenes Privatleben zu pflegen und Feierabend-Grenzen zu setzen, die für ein nachhaltiges Wohlbefinden notwendig sind.

Methoden zur Entspannung und Entkopplung vom Arbeitsalltag

Nach einem intensiven Arbeitstag benötigen Introvertierte bewusste Methoden, um vom Arbeitsalltag abzuschalten und den Kopf frei zu bekommen. Eine wirkungsvolle Methode ist es, einen festen Übergangsritus vom Arbeitstag zum Feierabend zu schaffen. Dieser Ritus könnte ein Spaziergang auf dem Heimweg sein, eine kurze Meditations- oder Atemübung, ein Tee-Ritual oder das bewusste Wechseln der Kleidung. Diese Übergangshandlungen signalisieren dem Geist und Körper, dass die Arbeit vorbei ist und es nun Zeit für Entspannung ist.

Atemübungen und kurze Meditationen sind ebenfalls hilfreich, um innerlich abzuschalten. Eine einfache Atemübung ist die „4-7-8"-Technik, bei der man vier Sekunden lang einatmet, den Atem sieben Sekunden hält und dann acht Sekunden lang ausatmet. Diese Atemtechnik beruhigt das Nervensystem und signalisiert dem Körper, in den Entspannungsmodus zu wechseln. Auch eine kurze Meditation von fünf bis zehn Minuten hilft, die Gedanken zu beruhigen und den Alltagsstress loszulassen, sodass der Geist frisch in den Feierabend starten kann.

Einige Introvertierte finden auch kreative Aktivitäten als Übergang hilfreich – sei es das Schreiben in ein Tagebuch, Zeichnen oder Musikhören. Diese Tätigkeiten bieten eine ruhige, persönliche Zeit, in der sie ihren Gedanken freien Lauf lassen und die Eindrücke des Tages in entspannter Form verarbeiten können. Durch den Einsatz solcher Entkopplungsmethoden schaffen Introvertierte einen klaren Cut zwischen Arbeit und Freizeit, was ihre Fähigkeit zur Erholung fördert.

Aktivitäten, die Energiereserven auffüllen und soziale Erschöpfung lindern

Nach einem langen Tag voller sozialer Interaktion und äußerer Reize ist es für Introvertierte essenziell, Aktivitäten zu finden, die ihnen helfen, sich von sozialer Erschöpfung zu erholen. Aktivitäten, die Ruhe und Kreativität bieten, helfen dabei, die Energiereserven aufzufüllen und die innere Balance wiederherzustellen. Viele Introvertierte entspannen am besten bei Hobbys, die sie alleine oder in ruhiger Umgebung ausüben können – sei es Lesen, Spazierengehen, Kochen, Musikhören oder Gartenarbeit.

Zeit in der Natur zu verbringen ist eine bewährte Methode, um Stress abzubauen und Energie zu tanken. Ein Spaziergang im Park oder in der Natur hilft, den Kopf frei zu bekommen und eine tiefe Entspannung zu erleben. Die Natur hat eine beruhigende Wirkung auf das Nervensystem und kann dabei helfen, die Gedanken zu klären und die Sinne zu erfrischen. Auch Haustiere bieten Introvertierten eine Möglichkeit, zur Ruhe zu kommen und die Gesellschaft eines Lebewesens zu genießen, ohne dass sie sich durch intensive soziale Interaktion erschöpft fühlen.

Kreative Hobbys wie Malen, Schreiben oder Handwerken bieten Introvertierten eine Möglichkeit, ihre Gedanken auszudrücken und gleichzeitig in einen entspannten Flow-Zustand zu gelangen. Solche Aktivitäten lenken die Aufmerksamkeit weg vom Alltagsstress und fördern das Gefühl von Erfüllung und Ausgeglichenheit. Introvertierte können sich hier ohne Druck ausleben und in ihrer eigenen Geschwindigkeit entspannen. Indem sie gezielt aufladende Aktivitäten in ihre Freizeit einbauen, fördern sie die nachhaltige Erholung und das allgemeine Wohlbefinden.

Tipps für ein ausgewogenes Privatleben und das Setzen klarer Feierabend-Grenzen

Um die Arbeit hinter sich zu lassen und ein erfülltes Privatleben zu pflegen, ist es für Introvertierte entscheidend, klare Feierabend-Grenzen zu setzen. Eine einfache, aber wirkungsvolle Methode ist es, die Arbeitsgeräte bewusst „auszuschalten". Das bedeutet, dass Laptop, Arbeits-E-Mail und Benachrichtigungen nach Feierabend abgeschaltet werden. Diese klare Abgrenzung hilft, sich mental von der Arbeit zu lösen und die Zeit für sich selbst zu nutzen. Die Festlegung einer festen Feierabendzeit und das bewusste Abschließen des Arbeitstags schaffen Struktur und signalisiert dem Gehirn, dass nun Freizeit ist.

Es ist auch hilfreich, sich eine „Feierabend-Routine" zu schaffen, die den Übergang zwischen Arbeit und Freizeit verstärkt. Diese Routine könnte aus einem kurzen Check-In bestehen, in dem man den Tag mental abschließt und sich bewusst macht, was am nächsten Tag ansteht. Danach folgt eine Entspannungsphase, in der man sich auf Aktivitäten konzentriert, die Energie bringen und Freude bereiten. Eine feste Routine stärkt die Trennung zwischen Berufs- und Privatleben und gibt Introvertierten das Gefühl, den Feierabend gezielt einzuleiten und zu genießen.

Für viele Introvertierte ist es zudem hilfreich, sich bewusst Momente der Stille und Ruhe einzuplanen, um ihre innere Balance zu fördern. Der Aufbau von festen Ritualen – sei es ein abendlicher Spaziergang, das Lesen eines Buches oder das Hören beruhigender Musik – gibt dem Feierabend eine Struktur und schafft eine ruhige, entspannende Atmosphäre. Solche Rituale stärken die Erholung und fördern ein Gefühl der Stabilität und Zufriedenheit.

Umgang mit digitalen Medien und sozialem Druck nach der Arbeit

In der heutigen Zeit bleibt der soziale Druck oft auch nach der Arbeit präsent, vor allem durch digitale Medien und soziale Netzwerke. Introvertierte, die ihre Freizeit zur Erholung brauchen, sollten lernen, bewusst mit dieser digitalen Präsenz umzugehen. Eine Methode ist es, die Bildschirmzeit bewusst zu reduzieren und nur bestimmte Zeiten für soziale Medien oder digitale Kommunikation einzuplanen. Das bewusste Begrenzen der digitalen Nutzung gibt Introvertierten die Möglichkeit, sich ohne äußere Ablenkung zu entspannen und sich ganz auf ihre eigenen Bedürfnisse zu konzentrieren.

Auch das gezielte Abschalten von Benachrichtigungen und das Festlegen eines „digitalen Feierabends" kann helfen, den sozialen Druck zu mindern. Anstatt ständig erreichbar zu sein und auf Nachrichten zu reagieren, können Introvertierte sich feste „Offline-Zeiten" einrichten, in denen sie sich ganz auf sich selbst und ihre Freizeit konzentrieren. Dies fördert nicht nur die mentale Erholung, sondern schafft auch ein Gefühl der Autonomie und Kontrolle über die eigene Zeit.

Es ist zudem hilfreich, bewusst darauf zu achten, welche Art von Inhalten konsumiert wird und welchen Einfluss diese auf das eigene Wohlbefinden haben. Inhalte, die entspannend, inspirierend und positiv sind, tragen zur Erholung bei und können als wohltuende Abendlektüre oder entspannende Videos genossen werden. Introvertierte können auf diese Weise ihre Freizeit gestalten, ohne sich durch soziale Erwartungen oder digitalen Druck beeinträchtigt zu fühlen, und ihre Abende aktiv zur Entspannung und Erholung nutzen.

Indem Introvertierte klare Grenzen zum Arbeitsalltag setzen und gezielt Erholungsmethoden anwenden, können sie ihre Freizeit genießen und die Energie für den nächsten Tag aufladen. Durch die bewusste Gestaltung des Feierabends, frei von Arbeitsgedanken und sozialem Druck, fördern sie nicht nur die mentale Gesundheit, sondern auch das eigene Wohlbefinden und die Lebensqualität.

Kapitel 11: Langfristige emotionale und psychische Selbstfürsorge

Für Introvertierte ist eine kontinuierliche, langfristige Selbstfürsorge essenziell, um das eigene Wohlbefinden zu fördern und auf die eigenen Bedürfnisse zu achten. Da introvertierte Menschen oft sensibel auf äußere Reize reagieren und ihre Energie bei sozialer Interaktion schneller aufgebraucht ist, ist es besonders wichtig, bewusste Routinen und Strategien zu entwickeln, die das emotionale und psychische Wohlbefinden auf Dauer stärken. Dieses Kapitel beleuchtet, wie Introvertierte durch stabile Routinen, gezielte Selbstreflexion und praktische Werkzeuge eine nachhaltige Selbstfürsorge entwickeln können, die ihnen hilft, berufliche Herausforderungen zu meistern und langfristig Burnout vorzubeugen.

Aufbau von Routinen, die langfristiges Wohlbefinden fördern

Routinen sind wertvoll, um das eigene Wohlbefinden zu fördern und den Alltag zu strukturieren. Für Introvertierte sind Routinen nicht nur hilfreich, um den Tag klar zu organisieren, sondern auch, um regelmäßige Momente der Ruhe und Erholung einzuplanen. Eine tägliche Morgen- oder

Abendroutine kann beispielsweise helfen, die Gedanken zu ordnen, Stress abzubauen und das emotionale Gleichgewicht zu stärken. Indem Introvertierte eine feste Routine entwickeln, die aus kleinen Erholungsphasen, Selbstreflexion oder Entspannungstechniken besteht, können sie sich auf eine verlässliche Struktur stützen, die ihnen auch in stressigen Zeiten Halt gibt.

Ein bewusster Start in den Tag, der mit einer kurzen Meditations- oder Achtsamkeitspraxis beginnt, kann die Fähigkeit zur Fokussierung und inneren Ruhe stärken. Ebenso fördert eine Abendroutine mit reflektierenden Momenten oder entspannenden Aktivitäten, wie Lesen oder das Führen eines Tagebuchs, die Fähigkeit zur Selbstregulation und unterstützt die emotionale Balance. Solche Routinen helfen, in einen harmonischen Rhythmus zu finden und eine verlässliche Grundlage für das Wohlbefinden zu schaffen.

Wie Introvertierte Burnout vorbeugen und auf ihre Bedürfnisse achten können

Burnout entsteht häufig durch die anhaltende Überforderung und das Vernachlässigen eigener Bedürfnisse. Introvertierte, die sich in einem extrovertierten Umfeld häufig anpassen und ständig verfügbar sein müssen, laufen Gefahr, ihre eigenen Grenzen zu ignorieren und Erholungsphasen zu kurz zu halten. Eine präventive Maßnahme zur Burnout-Vorbeugung ist daher die bewusste Abgrenzung und das Einhalten von Ruhezeiten, auch wenn diese möglicherweise von den Anforderungen des Umfelds abweichen. Die Fähigkeit, „Nein" zu sagen und sich für Erholungsphasen bewusst zurückzuziehen, ist ein wichtiger Schritt, um Überforderung zu vermeiden.

Introvertierte können lernen, Warnsignale frühzeitig zu erkennen, die auf ein erhöhtes Stresslevel hinweisen. Körperliche und emotionale Anzeichen wie Schlafprobleme, innere Unruhe, Antriebslosigkeit oder das Gefühl, ständig „auf Sendung" sein zu müssen, sind häufige Symptome von Überlastung. Wenn diese Signale wahrgenommen werden, ist es wichtig, gezielt Pausen einzulegen und die eigene Arbeitsweise anzupassen, um die Erholungsphasen zu verlängern und die Belastung zu reduzieren.

Eine weitere Methode zur Burnout-Prävention ist das bewusste Schaffen von Erholungsinseln im Alltag. Introvertierte können regelmäßige, kurze Pausen einplanen, in denen sie bewusst abschalten und ihre Gedanken auf ruhige, angenehme Tätigkeiten lenken. Diese Erholungsinseln, die sowohl im Beruf als auch im Privatleben etabliert werden, helfen, die Belastung auf ein gesundes Maß zu reduzieren und die eigene Energie gezielt zu schonen.

Die Rolle von Selbstreflexion und persönlichem Wachstum

Selbstreflexion ist für Introvertierte ein wertvolles Werkzeug, um die eigenen Gedanken und Gefühle zu verstehen und die persönlichen Bedürfnisse besser zu erkennen. Regelmäßige Selbstreflexion unterstützt nicht nur das persönliche Wachstum, sondern hilft auch, schwierige Situationen und Herausforderungen auf eine konstruktive Weise zu verarbeiten. Introvertierte können Selbstreflexion in ihren Alltag integrieren, indem sie sich beispielsweise Zeit für das Schreiben in ein Tagebuch nehmen oder sich gezielt Fragen stellen, die das eigene Erleben und Verhalten reflektieren. Fragen wie „Was hat mir heute Energie gegeben?" oder „Welche Situationen haben mich besonders herausgefordert?" fördern das Verständnis für die eigenen Bedürfnisse und stärken die Fähigkeit zur Selbstregulation.

Persönliches Wachstum ist eng mit der Selbstreflexion verbunden. Introvertierte, die regelmäßig ihre Gedanken und Ziele reflektieren, entwickeln eine klarere Vorstellung davon, was ihnen im Leben wichtig ist und wie sie ihre Werte in ihrem Alltag umsetzen können. Dieses Bewusstsein fördert das Vertrauen in die eigenen Fähigkeiten und stärkt die Resilienz gegenüber beruflichen und privaten Herausforderungen. Indem sie bewusst an ihrem persönlichen Wachstum arbeiten, entwickeln Introvertierte eine innere Stabilität, die ihnen hilft, authentisch und ausgeglichen zu bleiben.

Werkzeuge für eine nachhaltige Selbstfürsorge und den Umgang mit beruflichen Herausforderungen

Nachhaltige Selbstfürsorge umfasst eine Reihe von Werkzeugen, die dabei helfen, in stressigen Phasen die innere Balance zu bewahren und beruflichen Herausforderungen mit Gelassenheit zu begegnen. Eine wirkungsvolle Methode ist das Setzen klarer Grenzen, sowohl im beruflichen als auch im privaten Umfeld. Diese Grenzen schützen Introvertierte vor Überlastung und geben ihnen die Freiheit, ihre Ressourcen gezielt einzusetzen. Indem sie klare „Arbeitszeiten" und „Freizeitzeiten" definieren, können sie sich mental und emotional von den Anforderungen des Berufs distanzieren und ihre persönliche Zeit zur Erholung nutzen.

Achtsamkeit und Entspannungsübungen sind ebenfalls wichtige Werkzeuge der Selbstfürsorge, die im Alltag schnell und effektiv angewendet werden können. Eine einfache Achtsamkeitsübung besteht darin, sich für einige Minuten nur auf den Atem zu konzentrieren oder bewusst eine Sinneswahrnehmung wie das Sehen oder Hören in den Vordergrund zu rücken. Diese Übungen fördern die Entspannung und helfen, sich in stressigen Momenten zu zentrieren. Auch das regelmäßige Einplanen von Atempausen oder kleinen Spaziergängen wirkt beruhigend und schafft eine Grundlage für nachhaltige Selbstfürsorge.

Visualisierungstechniken sind ein weiteres wirksames Werkzeug, um mit beruflichen Herausforderungen umzugehen und die eigene innere Stärke zu aktivieren. Eine Visualisierungsmethode, die in schwierigen Situationen hilft, ist die „Schutzschild"-Technik. Introvertierte stellen sich dabei vor, dass ein unsichtbarer Schutzschild um sie herum ist, der sie vor äußeren Reizen und stressigen Einflüssen abschirmt. Diese mentale Technik schafft ein Gefühl von Sicherheit und Abgrenzung, was in herausfordernden Momenten unterstützend wirken kann.

Indem Introvertierte langfristige Routinen aufbauen, regelmäßig Selbstreflexion betreiben und gezielte Werkzeuge für die Selbstfürsorge anwenden, können sie ein nachhaltiges Fundament für ihr Wohlbefinden schaffen. Diese Maßnahmen fördern die Resilienz und helfen, den Anforderungen des Berufslebens mit innerer Ruhe und Gelassenheit zu begegnen, sodass sie auch auf lange Sicht gesund und ausgeglichen bleiben.

Kapitel 12: Erfolgsstrategien und persönliche Beispiele

Erfolgreiche Introvertierte beweisen, dass auch in lauten und extrovertierten Berufen leise Stärken einen großen Einfluss haben können. Introvertierte Menschen bringen besondere Fähigkeiten wie Tiefgründigkeit, Empathie und analytisches Denken in ihre Arbeit ein, die oft zu langfristigem Erfolg führen. Dieses Kapitel gibt Einblicke in inspirierende Geschichten und Erfahrungen introvertierter Menschen aus unterschiedlichen Branchen, zeigt bewährte Praktiken und gibt konkrete Tipps, wie Introvertierte ihre Fähigkeiten optimal nutzen können. Die Lektionen und Erfolgserlebnisse sollen als Motivation dienen, für sich selbst einzustehen und den Mut zu haben, authentisch und auf ihre Weise erfolgreich zu sein.

Inspirierende Geschichten introvertierter Menschen in lauten Berufen

Viele introvertierte Menschen, die in extrovertierten Berufsfeldern arbeiten, haben durch die bewusste Nutzung ihrer Stärken beeindruckende Karrieren aufgebaut. Ihre Erfolgsgeschichten zeigen, dass auch in lauten, dynamischen Umfeldern introvertierte Qualitäten gefragt sind und zum Erfolg führen können. Ein Beispiel ist die Geschichte von Sarah, einer introvertierten Projektmanagerin in der Eventbranche. Trotz der hohen sozialen Anforderungen ihres Jobs hat Sarah gelernt, ihre ruhige und durchdachte Art als Stärke zu nutzen. Sie gilt als verlässliche Ansprechpartnerin für Kund:innen und Kolleg:innen, weil sie aktiv zuhört, komplexe Herausforderungen klar analysiert und alle Details im Blick behält. Durch die Kombination aus Empathie und Strukturiertheit hat sie erfolgreich große Events umgesetzt und Vertrauen in einem schnelllebigen Umfeld gewonnen.

Ein weiteres Beispiel ist Michael, ein introvertierter Teamleiter im Bereich Marketing, der für sein ruhiges, reflektiertes Führungsverhalten bekannt ist. Statt sich im Mittelpunkt zu präsentieren, fördert er die Stärken seiner Teammitglieder, delegiert gezielt und schafft eine vertrauensvolle Arbeitsatmosphäre. Seine Fähigkeit, zuzuhören und tiefe Verbindungen aufzubauen, hat dazu geführt, dass sein Team erfolgreich zusammenarbeitet und kreative Lösungen entwickelt. Michael zeigt, dass Introvertierte auch in Führungspositionen mit einem zurückhaltenden Stil erfolgreich sein können, wenn sie auf ihre Stärken vertrauen und authentisch bleiben.

Erfolgserlebnisse und bewährte Praktiken aus verschiedenen Branchen

Erfolg in lauten Berufsfeldern hängt oft davon ab, wie Introvertierte ihre Stärken gezielt einsetzen und für sich selbst eine klare Strategie entwickeln. Ein bewährtes Konzept ist das gezielte Einplanen von Ruhephasen im Arbeitsalltag. Introvertierte, die bewusst Pausen einplanen und sich kurze Rückzugszeiten schaffen, bleiben fokussiert und produktiv, auch wenn sie in einem offenen Büro arbeiten oder regelmäßig an Meetings teilnehmen. Ein Beispiel dafür ist Anna, eine introvertierte Anwältin, die es sich zur Gewohnheit gemacht hat, zwischen Besprechungen zehn Minuten für sich zu haben, um neue Energie zu sammeln. Diese kleinen Pausen helfen ihr, bei ihren Mandant:innen präsent und klar zu bleiben, und sie hat dadurch ihre Leistungsfähigkeit nachhaltig verbessert.

Ein weiterer bewährter Ansatz ist das Delegieren von Aufgaben, die weniger den eigenen Stärken entsprechen. Markus, ein introvertierter Abteilungsleiter im Bereich Sales, hat festgestellt, dass er in Einzelgesprächen besonders stark ist, während große Präsentationen und spontane Netzwerkevents ihn mehr Energie kosten. Indem er bewusst Aufgaben delegiert, die seine extrovertierten Mitarbeitenden gerne übernehmen, kann er seine eigenen Stärken als strategischer Denker einsetzen und sich auf individuelle Gespräche konzentrieren. Diese klare Abgrenzung hat ihn nicht nur erfolgreicher gemacht, sondern auch seine Energie geschont und sein Team gestärkt.

Introvertierte können auch durch gezieltes Zeitmanagement ihre Produktivität steigern. Viele setzen auf die Methode der „Energie-Hochzeiten", indem sie anspruchsvolle Aufgaben auf Zeiten legen, in denen ihre Konzentration am höchsten ist. Dadurch erreichen sie mehr in kürzerer Zeit und vermeiden Erschöpfung. Diese Methode hat Tom, ein introvertierter Software-Entwickler, angewendet, indem er kreative Aufgaben wie das Schreiben von Codes in seine morgendlichen Hochphasen legt und weniger anspruchsvolle Arbeiten in den Nachmittag verlegt. Durch diese bewusste Einteilung hat er seine Effizienz und Kreativität gesteigert und seine beruflichen Ziele erfolgreicher erreicht.

Lektionen aus der Praxis und wie man introvertierte Stärken gezielt nutzt

Die Praxis zeigt, dass introvertierte Stärken gezielt eingesetzt werden können, um berufliche Herausforderungen zu meistern und erfolgreich zu sein. Eine der wichtigsten Lektionen ist, die eigenen Grenzen zu kennen und klare Prioritäten zu setzen. Introvertierte, die sich auf ihre wichtigsten Aufgaben konzentrieren und bewusst „Nein" zu zusätzlichen Anforderungen sagen, bleiben fokussiert und sind langfristig belastbarer. Das Setzen von Grenzen und Prioritäten fördert die Produktivität und sorgt dafür, dass Introvertierte in ihrer Balance bleiben, auch wenn der Job viele Anforderungen stellt.

Eine weitere wertvolle Lektion ist die Fähigkeit zur Selbstreflexion und die regelmäßige Anpassung der eigenen Arbeitsweise. Introvertierte, die sich bewusst über ihre Arbeitsprozesse und Erfolge Gedanken machen, erkennen schneller, wo Anpassungen nötig sind, und entwickeln eine stabile Basis für ihr berufliches Wachstum. Eine einfache Methode ist das regelmäßige Schreiben in ein Tagebuch oder das Führen eines „Erfolgstagebuchs", in dem sie wöchentlich notieren, was gut funktioniert hat und welche Veränderungen hilfreich wären. Diese kontinuierliche Selbstreflexion fördert das Vertrauen in die eigenen Fähigkeiten und stärkt die Bereitschaft, Verantwortung für die eigene berufliche Entwicklung zu übernehmen.

Auch der Einsatz gezielter Kommunikationstechniken ist eine wertvolle Praxis, um introvertierte Stärken im Team und gegenüber Vorgesetzten einzubringen. Introvertierte, die sich klar und ruhig ausdrücken, gewinnende Körpersprache nutzen und sich gut vorbereiten, bevor sie sprechen, können ihre Gedanken auf den Punkt bringen und gewinnen oft Respekt und Anerkennung. Es kann hilfreich sein, Gespräche und Meetings im Vorfeld zu planen und die eigenen Punkte strukturiert und souverän zu präsentieren. So wird es möglich, sich Gehör zu verschaffen, ohne in lauten Situationen übersehen zu werden.

Reflexion und Motivation: Für sich selbst einstehen und mutig eigene Wege gehen

Der Mut, authentisch und auf die eigene Weise erfolgreich zu sein, ist eine wichtige Stärke introvertierter Menschen. Es ist hilfreich, sich regelmäßig daran zu erinnern, dass auch leise Stimmen und zurückhaltende Persönlichkeiten einen starken Einfluss haben können. Introvertierte, die an ihre Stärken glauben und sich selbst treu bleiben, finden oft innovative und tiefgründige Lösungen für ihre beruflichen Herausforderungen. Sie entwickeln eine natürliche Selbstsicherheit, die ihnen erlaubt, auch in extrovertierten Umfeldern überzeugend aufzutreten.

Um diesen Weg weiterzugehen, ist es hilfreich, sich von Vorbildern inspirieren zu lassen und sich regelmäßig Zeit für Selbstreflexion und persönliche Zielsetzung zu nehmen. Erfolgsgeschichten und Erfahrungen anderer Introvertierter können dabei als Motivation dienen, eigene Wege zu finden und mutig die eigene Vision zu verfolgen. Introvertierte, die sich bewusst für ihre Werte und Ziele einsetzen, schaffen nicht nur für sich selbst eine erfüllte berufliche Zukunft, sondern auch für andere ein Beispiel, wie leise Stärken zu langfristigem Erfolg führen können.

Kapitel 13: Zusammenfassung und praktische Selbstfürsorge-Checkliste

Im abschließenden Kapitel werden die wesentlichen Punkte und Techniken des Buches noch einmal zusammengefasst und in einer praktischen Checkliste für den beruflichen Alltag zusammengefasst. Ziel ist es, Introvertierten eine kompakte Übersicht der wichtigsten Selbstfürsorge-Methoden und Erfolgstechniken an die Hand zu geben, die ihnen helfen, im Beruf authentisch und ausgeglichen zu bleiben. Zudem finden sich weiterführende Ressourcen und Literaturhinweise, um einzelne Themen bei Bedarf zu vertiefen und zusätzliche Anregungen für die eigene Entwicklung zu finden.

Zusammenfassung der wichtigsten Punkte und Techniken aus jedem Kapitel

Dieses Buch hat sich mit den Herausforderungen und Potenzialen introvertierter Menschen in extrovertierten Berufsumfeldern beschäftigt. Die wichtigsten Erkenntnisse und Techniken sind:

Introversion verstehen: Introvertierte Menschen bevorzugen oft tiefgründige Gespräche und Zeit für sich, um Energie zu tanken. Diese Denk- und Arbeitsweise ist eine wertvolle Stärke, die zur Reflexion und zu langfristig erfolgreichen Ergebnissen beiträgt.

Stressbewältigung und Energieerhalt: Techniken wie Achtsamkeit, Atemübungen und Pausenrituale helfen Introvertierten, ihre Energie zu bewahren und in stressigen Umfeldern Ruhe zu finden. Strukturierte Pausen und Rückzugsorte sind entscheidend für ein stabiles Energieniveau.

Kommunikation und soziale Grenzen: Introvertierte können ihre Ruhe und Empathie als Kommunikationsstärke nutzen. Methoden wie aktives Zuhören, das Setzen klarer Grenzen und Small Talk-Techniken erleichtern den Umgang mit sozialen Interaktionen und helfen, authentisch zu bleiben.

Produktivität und Konzentration: Die Nutzung von Energie-Hochzeiten, Deep Work-Phasen und Strategien zur Minimierung von Ablenkungen fördern die Produktivität. Ein individuell angepasster Arbeitsbereich und Pausen tragen zur langfristigen Leistungsfähigkeit bei.

Feierabend und Erholung: Der bewusste Abschluss des Arbeitstages und das Setzen fester Feierabend-Grenzen unterstützen eine klare Trennung zwischen

Beruf und Freizeit. Aktivitäten, die soziale Erschöpfung lindern, und der gezielte Umgang mit digitalen Medien fördern die Erholung.

Langfristige Selbstfürsorge: Routinen, die langfristiges Wohlbefinden stärken, wie Selbstreflexion, persönliche Ziele und Burnout-Prävention, sind essenziell, um dauerhaft ausgeglichen und gesund zu bleiben.

Persönliche Erfolgsstrategien: Introvertierte, die ihre Stärken gezielt nutzen und sich an ihre eigene Arbeitsweise anpassen, können auch in lauten Umfeldern erfolgreich sein. Die Fähigkeit, sich selbst und die eigenen Bedürfnisse zu respektieren, ist eine wertvolle Grundlage für ein erfülltes Berufsleben.

Eine praktische Checkliste zur Selbstfürsorge im beruflichen Alltag

Diese Checkliste fasst die wichtigsten Selbstfürsorge-Praktiken zusammen und bietet eine einfache, tägliche Erinnerung für introvertierte Menschen, um ihre Energie und ihr Wohlbefinden im Berufsalltag zu schützen.

Tägliche Selbstfürsorge-Checkliste

- ○ Start in den Tag: Fünf Minuten für eine ruhige Morgenroutine (z. B. Atemübung, Tee, Meditation).
- ○ Arbeitsbereich gestalten: Ist mein Arbeitsplatz beruhigend, aufgeräumt und lädt er zur Konzentration ein?
- ○ Tägliche Aufgaben priorisieren: Zeit für Deep Work und konzentrierte Arbeitsblöcke reservieren.
- ○ Bewusste Pausen einplanen: Kurze Atemübungen, Pausenspaziergänge oder Zeit in einem Rückzugsbereich.
- ○ Small Talk entspannt gestalten: Klar und kurz bleiben, gezielte Fragen stellen und dabei freundlich, aber effizient kommunizieren.
- ○ Grenzen setzen: Für Feierabend, Pausen und digitale Auszeiten sorgen und sich bewusst von der Arbeit trennen.
- ○ Feierabend-Ritual: Ein persönliches Ritual zum Übergang in die Freizeit, um den Arbeitstag abzuschließen.
- ○ Selbstreflexion: Den Tag kurz reflektieren; was lief gut, was hat Energie gekostet?

Wöchentliche Selbstfürsorge-Checkliste

- ○ Selbstreflexion und Zielsetzung: Erfolgserlebnisse und Herausforderungen

notieren, um die eigene Entwicklung zu verfolgen.
- o Zeit für Erholung: Aktivitäten planen, die Energie bringen, wie Lesen, Spaziergänge oder Hobbys.
- o Erholung digitaler Detox: Einmal pro Woche eine festgelegte Zeit offline bleiben.
- o Austausch mit anderen: Feedback einholen und bewusst Verbindungen pflegen, die inspirierend wirken und stärken.

Weiterführende Ressourcen, Literatur und Links zur Vertiefung

Bücher

„Still. Die Kraft der Introvertierten" von Susan Cain – Die deutsche Ausgabe des internationalen Bestsellers „Quiet". Dieses Buch beleuchtet die besonderen Stärken von Introvertierten und gibt Einblicke, wie sie ihre Fähigkeiten im Berufsleben und privat entfalten können.

„Leise Menschen – starke Wirkung: Wie Introvertierte ihre Stärken erkennen und nutzen" von Sylvia Löhken – Sylvia Löhken ist eine der bekanntesten Expertinnen für Introversion im deutschsprachigen Raum. Sie bietet praxisnahe Strategien, wie Introvertierte ihre Stärken bewusst nutzen und im Beruf und Alltag sichtbar machen können.

„Intros – Die Stärke der Stillen" von Jens Corssen und Christine Jung – Dieses Buch richtet sich an introvertierte Menschen und gibt wertvolle Tipps, wie sie ihre Bedürfnisse im Berufsalltag wahren und sich auf ihre innere Stärke konzentrieren können.

Podcast-Empfehlungen

„Achtsam" – Ein Podcast von Deutschlandfunk Nova, der sich mit Themen rund um Selbstfürsorge, Achtsamkeit und emotionale Gesundheit beschäftigt.

„Mindful Minutes" von Sarah Desai – Dieser Podcast bietet viele Impulse zur Achtsamkeit und Selbstfürsorge, die Introvertierten dabei helfen, bewusster zu leben und sich vor Überforderung zu schützen.

„Der kleine Coach" – In diesem Podcast werden oft introvertierte Themen wie Selbstreflexion, persönliche Entwicklung und berufliche Selbstbehauptung behandelt.

Webseiten und Online-Communities

Introvision-Institut (introvision.de) – Bietet Workshops und Informationen zu Methoden wie der Introvision, einer Technik zur stressfreien Selbstregulation, die

Introvertierten hilft, sich von belastenden Gedanken zu lösen.

Karrierebibel.de – Hier finden sich zahlreiche Artikel zur persönlichen Weiterentwicklung, Selbstreflexion und Berufsleben, auch speziell für Introvertierte und Menschen, die bewusste Karriereentscheidungen treffen möchten.

Introvertierte Menschengruppe auf Xing und LinkedIn – Auf diesen Plattformen gibt es deutschsprachige Gruppen speziell für introvertierte Menschen im Berufsleben, die zum Austausch und zur Unterstützung dienen.

Apps und Tools

7Mind – Eine deutschsprachige Meditations-App mit Übungen zur Achtsamkeit, Stressbewältigung und Konzentrationsförderung.

Focus@Will – Ein Tool zur Konzentrationssteigerung mit speziell kuratierter Musik für fokussiertes Arbeiten, das auf Deutsch erhältlich ist.

Brain.fm – Obwohl englischsprachig, bietet diese App auch im deutschen Markt eine effektive Möglichkeit, durch spezielle Hintergrundmusik fokussiert zu arbeiten und Ablenkungen zu minimieren.

Online-Kurse und Trainings

Coaching-Programme von Sylvia Löhken (introvertiert.org) – Sylvia Löhken bietet spezielle Workshops und Online-Trainings, die auf die Bedürfnisse von introvertierten Menschen abgestimmt sind.

Zeitblüten (zeitblueten.com) – Diese Plattform bietet viele Ratgeber und Kurse rund um das Thema Zeitmanagement, Stressreduktion und Selbstfürsorge, die besonders Introvertierten helfen können.

Impressum

Titel: Selbstfürsorge für introvertierte Menschen in lauten Berufen
Autor/in: Sabrina Schiffers
Verlag: Selbstverlag
Adresse: Zum Rosental 30, 52428 Juelich
Postfach: 1141, 52412 Juelich
ISBN: 9798344614601
Erscheinungsjahr: 2024
Copyright: Copyright © 2024 Alma Arnold
Druckort: Amazon kdp
E-Mail: almaarno@gmx.de

www.ingramcontent.com/pod-product-compliance
Lightning Source LLC
Chambersburg PA
CBHW052257220526
45471CB00001B/379